amazon のすごい人事戦略

OLP
领导力法则

亚马逊持续增长20年的
人才战略

〔日〕佐藤将之 著

王晓玲 译

中国友谊出版公司

图书在版编目（CIP）数据

OLP领导力法则：亚马逊持续增长20年的人才战略 /（日）佐藤将之著；王晓玲译. -- 北京：中国友谊出版公司，2023.7
ISBN 978-7-5057-5636-6

Ⅰ. ①O… Ⅱ. ①佐… ②王… Ⅲ. ①企业领导学 Ⅳ. ①F272.91

中国国家版本馆CIP数据核字（2023）第065929号

著作权合同登记号　图字：01-2023-2313

书名	OLP领导力法则：亚马逊持续增长20年的人才战略
作者	[日]佐藤将之
译者	王晓玲
出版	中国友谊出版公司
策划	杭州蓝狮子文化创意股份有限公司
发行	杭州飞阅图书有限公司
经销	新华书店
制版	杭州真凯文化艺术有限公司
印刷	杭州钱江彩色印务有限公司
规格	880×1230毫米　32开 7.625印张　155千字
版次	2023年7月第1版
印次	2023年7月第1次印刷
书号	ISBN 978-7-5057-5636-6
定价	62.00元
地址	北京市朝阳区西坝河南里17号楼
邮编	100028
电话	（010）64678009

目录

Contents

第 7 章　亚马逊的领导者培训
培养最强企业高管的方法 ————— 211

结语　亚马逊热衷创造文化

每年保持20%销售额增长率的
世界最强企业的秘密

"人力资源战略"是增长的驱动力

　　亚马逊最初是一家风险型企业,1995年成立于美国华盛顿州西雅图。成立之后20多年就成长为全球市值最大的企业,如今更是成为互联网购物的代名词。

亚马逊的厉害之处还不止于此。

没有收银台的亚马逊无人便利店（Amazon Go）、 云服务AWS （Amazon Web Service）、通过语音助手Alexa就能操作家电的住宅、能告知用户断货信息的智能冰箱、家用机器人等，不断创新，不断改变的服务与产品，就是亚马逊最厉害的地方。而且，销售额至今仍以每年20%的惊人速度增长。

为什么亚马逊能实现销售额每年20%的增长率？秘密就在维持这个全球巨头运行的机制之中。

事实上，亚马逊之所以能成为如此巨大的企业，并且至今仍在持续发展，得益于其与众不同的人力资源机制。这种机制非常独特，从日本企业的常识来看似乎不合常理，但实际上是经过深思熟虑的，效果也很理想。

本书从有过亚马逊内部工作经历的人员视角，阐述了亚马逊人力资源制度的构建历程。

亚马逊最大的创新——OLP

本书将详细介绍亚马逊人力资源制度最重要的特点，也就是其领导力的彻底性。领导力包括14个项目，称为OLP（领导力法则），OLP是Our Leadership Principles的首字母缩写。它不仅仅是人力资源部门的机制，公司内部的所有机制都是根据这一领导力法则设计的。

　　迄今为止，亚马逊已经进行了各式创新，但我认为OLP才是其最伟大的创新。因为所有亚马逊人都是按照OLP来思考、行动和交付成果的。当然，OLP同样适用于人力资源。

　　亚马逊录用符合OLP的人，并高度评价那些入职后能够执行OLP的人。一切流程都是透明的，足以令人信服。

　　另外，OLP中还有Hire and Develop the Best（选贤育能）这一项。也就是说，亚马逊将录用和培训定位得非常高。因此，虽然亚马逊大量招聘人才，但只有1%—3%的人能被录用。某些职位，300名应聘人员中甚至只有1人会被录用，可以说应聘亚马逊就如同在亚马逊走独木桥。还有一种内部资格称为Bar raiser（抬杠人，为跳高升杆的人，在本书中指提高亚马逊招聘门槛的人），可以说Bar raiser是OLP即亚马逊领导理念的守护者。面试小组中必须有一个具备这种资格的人，Bar raiser拥有特权，即使其他面试官都认为某一应聘者合格，而他/她认为"此人不适合亚马逊"，那就不会录用。

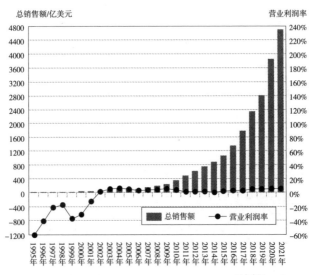

•2006年超过100亿美元（1万亿日元）
•2015年超过10万亿日元，2021年52万亿日元
•每年保持20%以上的增长率
•2007年营业利润率为3.2%，2018年以后超过4%
•Amazon.co.jp 2016年1万亿日元，2021年2.5万亿日元，流通总额估计为5万亿日元

图a　亚马逊总销售额与营业利润率

　　除此之外，亚马逊还有很多令人惊讶的人力资源机制，而OLP正是这种机制的基础。

亚马逊的人力资源战略并非一开始就如此完善

　　我于2000年7月加入亚马逊，并参与了亚马逊（日本）的启动。之后，我负责亚马逊（日本）的供应链、图书采购和仓库业务，而后成为日本运营中心总监，2016年离职。现在作为亚马逊的顾问独立工作，帮助企业成长。

刚入职亚马逊时，它是一家具有冒险精神的年轻公司，人力资源机制并不像如今这样完善。然而，工作过程中，人力资源机制以令人咋舌的速度完善起来，并最终形成了现在的样子。

总之，在我刚进公司时，作为亚马逊飞跃发展核心的OLP还未产生。随着亚马逊的迅猛发展，杰夫·贝佐斯（Jeff Bezos）和高管们提出了OLP，其他人力资源战略也是如此。

如果没有OLP，亚马逊能否绘制出如今这样的成长曲线？恐怕很难，OLP拥有强大的力量，我极其佩服亚马逊的高管们能提出这样的理念。

本书概述

本书以日本企业人员易于理解的方式，介绍了以OLP为首的亚马逊人力资源机制。

第1章简要介绍亚马逊人力资源战略全貌。首先让读者大致了解亚马逊制定了怎样的机制，这些机制之间如何关联，并取得了怎样的成效。

第2章详细探讨14项OLP。OLP是亚马逊及亚马逊人的行为准则，所有的人力资源，不，是亚马逊的所有业务和工作，都与OLP

联系在一起，所以不了解它就无法理解人力资源战略。

除了OLP，亚马逊重视的其他思维方式和价值标准在第3章进行介绍。

第4章介绍亚马逊的招聘方法。如果招聘不顺利，之后的培训与评价当然也不会顺利，可以说，招聘流程是一条生命线。为了获得最优秀的人才，亚马逊是如何招聘的呢？本章将做详细阐述。

第5章介绍录用人员的培养方式。即便获得了优秀人才，也需要对他们进行适当的指导和培训，使其成长为合格的亚马逊人，充分发挥潜力。

第6章介绍目标的设定和评价方法。 亚马逊有KPI（key performance indicator，关键业绩评价指标）文化。通过OLP定性、指标定量，设定目标并进行评价，亚马逊在以正确的方法切实地达成目标，构建员工认可度高的人力资源系统。

第7章介绍亚马逊的领导者培训。 如何挑选和培训未来的高管？本章将根据个人经验进行介绍。

恐怕没有书籍能如此详细地为日本读者介绍亚马逊的人力资源机制。

为什么亚马逊能够持续发展，成为最强的企业？自己的公司有没有可以借鉴的？希望本书能对各位读者有所启发。

第 1 章

亚马逊的人力资源有何过人之处

基本概念

本章导语

　　录用、培养、目标设定与评价、高管培训等内容稍后详述，首先我将对亚马逊的人力资源战略做一个简单的介绍。

　　对于普通的商务人士来说，除非他们属于人力资源部（总务部），否则对于人力资源可能并不熟悉。即使有交集，可能也只是在有限的时间内，例如在招聘和年度评价期间。

　　在亚马逊，情况则不然。深入阅读本书你就会明白，因为亚马逊的所有员工都参与了招聘和培养过程。至于经理，不仅要做好本职工作，还要做招聘面试等人力资源工作，而且很多时候这些工作会占据他们全年工作时间的一半。

　　他们究竟是如何思考的，又在做些什么？

　　我们首先看一看概述。

【行动理念】
最强企业背后的驱动力——OLP

构成亚马逊基础的14条领导力法则

正如前言中提到的，亚马逊人力资源系统的基础是14条领导力法则——OLP。它构成了亚马逊及其员工的行为基础，也就是说，在成为世界最强企业的今天，亚马逊仍保持着每年20%增长率的原因就在于此。

百闻不如一见，我们先大致了解一下这14条领导力法则。详细内容将在下一章介绍。

1. Customer Obsession：客户至上

2. Ownership：主人翁精神

3. Invent and Simplify：创新简化

4. Are Right, A Lot：大多数情况决策正确

5. Learn and Be Curious：好奇求知

6. Hire and Develop the Best：选贤育能

7. Insist on the Highest Standards：坚持最高标准

8. Think Big：远见卓识

9. Bias for Action：崇尚行动

10. Frugality：勤俭节约

11. Earn Trust：赢得信任

12. Dive Deep：刨根问底

13. Have Backbone；Disagree and Commit：敢于谏言，服从大局

14. Deliver Results：达成业绩

（1）Customer Obsession（客户至上）

领导者要从客户的角度思考和行动。应尽其所能赢得并维系客户对公司的信任，虽然他们需要关注竞争对手，但更应该关注客户。

（2）Ownership（主人翁精神）

领导者需要有主人翁精神。要从长远考虑，不要为了短期业绩牺牲长期价值。领导者的所作所为是为了整个公司的利益，而不仅仅是为了自己的团队，他们绝不会说"这不是我的工作"。

（3）Invent and Simplify（创新简化）

领导者要期望并要求自己的团队改革与创新，并始终寻求简化工作的方法。他们应关注外界动态，四处寻找新创意，并且不局限于"非我发明"的观念；并深知将新的想法付诸行动时，可能会在很长一段时间内被外界误解。

（4）Are Right, A Lot（**大多数情况决策正确**）

领导者在大多数时候都能做出正确的决定。他们需要拥有卓越的业务判断能力和由经验支持的敏锐直觉。领导者要寻求不同的视角，并挑战自己的观念。

（5）Learn and Be Curious（**好奇求知**）

领导者从不停止学习，不断提升自己。他们对新的可能性充满好奇，并加以探索。

（6）Hire and Develop the Best（**选贤育能**）

领导者应不断提升招聘和晋升员工的标准。他们应该发掘出最优秀的人才，并为了整个组织的利益积极主动地对人才加以利用。领导者自己还要培养其他领导人并认真指导。领导者要创造出能够让所有员工进一步成长的新机制。

（7）Insist on the Highest Standards（**坚持最高标准**）

领导者应始终追求最高标准——这些标准在很多人看来可能高得不可理喻。领导者应不断提高标准，激励团队提供更优质的产品、服务和流程。他们要阻绝任何不合标准的行为，遇到问题要彻底解决，并采取优化措施防止同样的问题再次发生。

（8）Think Big（**远见卓识**）

局限性思考只能带来局限性的结果。领导者应大胆提出并阐明大局策略，由此激发良好的成果。他们要为客户着想，从不同的角度思考问题，探索各种可能性。

（9）Bias for Action（崇尚行动）

速度对业务有着至关重要的影响。很多决策和行动都可以不断调整，因此不需要规模过大的讨论。亚马逊提倡领导者在深思熟虑的前提下进行冒险。

（10）Frugality（勤俭节约）

领导者应力争以最少的投入实现最多的产出。勤俭节约可以让他们开动脑筋，自给自足，不断创新。增加人力、预算以及固定支出并不会赢得额外加分。

（11）Earn Trust（赢得信任）

领导者应专注倾听，坦诚沟通，尊重他人。他们不应该认为自己或其团队总是正确的，应该敢于自我批评，哪怕这样做会令自己难堪。他们应该以最高标准要求自己。

（12）Dive Deep（刨根问底）

领导者应深入各个环节，随时掌控细节，经常审核，发现偏离指标的数据时，保持怀疑态度，不遗漏任何工作。

（13）Have Backbone；Disagree and Commit（**敢于谏言，服从大局**）

领导者须能不卑不亢地质疑无法苟同的决策，哪怕费力劳神，都不能逃避，他们要信念坚定，矢志不渝。他们不能为求一团和气就屈从妥协，一旦做出决定，就会全身心地致力于实现目标。

（14）Deliver Results（达成业绩）

领导者应关注决定其业务的关键条件，确保工作质量并及时完成。即便遭受挫折，也依然勇于面对挑战，从不气馁。

OLP诞生前夜

亚马逊创立之初并没有OLP，但随着公司的壮大，迫切需要制定一些管理公司的精神约定，于是贝佐斯及高管们便创建了OLP。

亚马逊成立于1995年，在最初的10年间，都是以"大家一起努力奋斗！"的口号激励员工工作。然而，当仅仅美国总部的员工人数就超过5000人时，仅凭热情驱动员工就不再管用了。

OLP创建于2006—2007年。在此之前亚马逊也有自己的行动指南——"核心价值观"和"核心能力"。

核心价值观是亚马逊员工必须具备的价值观，共有7项。其中一些与OLP中的内容相同，如Customer Obsession和Frugality等。但是，核心价值观是不是和OLP一样，也融入亚马逊的日常工作中了呢？答案是否定的。

另一个核心能力是领导者的法则，即"亚马逊的领导者会采取的行为"。其中也有现在OLP里的内容，如Deliver Results。另外，还有曾经在OLP里出现过，但现在已经去掉的内容，如Vocally Self Critical（承认错误）。但是这一条现在已经被吸纳到OLP的Earn Trust当中了。

由此可见，亚马逊并不是一开始就有OLP的，而是沿袭并完善了之前的行动指南才制定出了现在的OLP。

为什么会制定OLP

亚马逊之前的核心能力和核心价值观的方向是相同的，所以将这两者结合起来，就形成了OLP。

最初是Leadership Principles（领导力法则），几年后又加上Our（我们的），最终成为Our Leadership Principles，即OLP。

为什么要制定OLP呢？因为随着亚马逊的迅猛发展，有必要制定更为明确的行为准则。

回顾亚马逊走过的道路，有几处转折点。最初的转折点是扭亏为盈时。亚马逊成立之后一直处于赤字状态，但从2003年左右开始扭亏为盈，此后更是迅速增长，全球销售额超过了1万亿日元。也是从那时起，亚马逊的各种问题堆积如山。

例如，由于需要处理的货物数量急剧增加，亚马逊在美国各地新建了仓库。对于新建的仓库，虽然尽可能地派了其他仓库经理前往，但要管理现场的话，仓库经理的人数仍然不足。于是，亚马逊大量招聘新经理，把技能还不足的人提拔为经理，派往一线。结果整个管理状况一塌糊涂。

当时的情况是这样的：仓库里，货物的安全、质量和生产效率等必须考虑的因素都无法得到保证。事故和人员受伤事件频发。库存混乱，发出的货物破损或未按订单交付。生产效率一落千丈，成本巨大。

提出OLP的两位杰夫

为了解决这些问题，杰夫·贝佐斯和高管们开始讨论"领导者们该如何做"。

当然，此前的核心价值和核心能力中已列出了亚马逊人应该采取的行为，但公司的情况发生了变化，高管们需要重新审视这些行为。

当时，亚马逊的全球业务主管杰夫·威尔克（Jeff Wilke，2021年已退休）提议说："咱们创建属于自己的领导力法则吧。"通过不断试错摸索，OLP最终完成了。

我听说为了完成OLP，"大家在山里闭关了一周"，但根据威尔克最近发表的一篇叙述当时情况的文章，貌似略有出入。据说，实际上他是提出OLP的主要人物，并通过后期与贝佐斯多次交流最终完成了OLP的内容，也许根本没有集训这一说。不过亚马逊那时经常集训，所以很可能高管们是在集训期间提出了这个话题。

总之，以贝佐斯为首的高管们将"亚马逊的领导者该有的状态"总结为14项，这就是OLP。

不仅仅是领导者的法则

因为OLP中包含"Leadership"一词，所以经常有人误认为这是亚马逊的领导者，也就是经营者、管理者的行为准则，但事实并非如此。

OLP中的L指的是Leadership（领导力），而不是Leader（领导者）。领导者是职务，但领导力与职务无关，是每个人在工作中都应该体现出来的能力。OLP绝不是针对管理者或经理的，而是针对所有亚马逊员工。

最初，OLP应该是面向有一定职务的人（领导）设计的。但是在制定过程中，高管们逐步意识到不仅仅是领导，所有员工都必须具备领导力。

人力资源的最大创新

我认为，OLP的创建是亚马逊在人力资源领域的最大创新。

日本企业也有类似OLP的员工素养法则和公司方针。"善待顾客""员工之间要和睦相处"等话语会写在员工手册的背面，或者做成牌匾挂在社长办公室、接待室，但这些往往只是一种摆设。

亚马逊的厉害之处在于，在人才招聘、评价、培训等一系列人力资源机制中，OLP都有所体现。因此，OLP不是普通的摆设，而是真正融入了亚马逊人的思维中。

现在，OLP是如此普遍，随便一个亚马逊员工都会谈论它。因为OLP不仅是自我评价的标准，也是评价下属的标准，所以每个亚马逊员工都必须充分理解它所包含的理念。

如今，推动亚马逊业务的人都是在OLP的基础上挑选出来的。

反过来，不能实践OLP的人无论多优秀都不会被录用。

非常感谢亚马逊能将OLP的内容免费公开。虽然每家公司都有自己的情况，但如果日本企业能不断引进这些做法就好了。

其实，我曾在一家公司做过实验，引进了部分OLP。我首先制定了公司的行为模范，之后我要求员工描述其心目中理想的领导形象，如"公司的经理应该是这样的人"，于是，便呈现出了类似OLP的东西，我将这些内容定为了公司的评价标准。

也许杰夫·威尔克等人也是将亚马逊的行为模范用语言表达出来，得出的这14条，然后将其作为招聘和评价的工具使用。

我认为，如果没有OLP，恐怕就不会有现在的亚马逊。

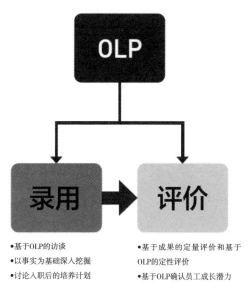

图1-1 基于OLP的人力资源系统

亚马逊有很多了不起的服务，但其核心是"人"的力量。

录用认同OLP的员工，让他们伴随OLP一起成长。通过这种方法，亚马逊也会与员工共同成长。毫不夸张地说，亚马逊之所以能走到今天，"人才培养"起了决定性作用。

【招聘】
录用比自己优秀的人才

贝佐斯对人才的思考

从OLP的Hire and Develop the Best（选贤育能）这一条可以看出，亚马逊将选拔和培养人才作为全体员工的行动理念之一。招聘作为"选贤育能"的入口，更是要投入较多的精力。

亚马逊认为，招聘高层次人才对公司的发展至关重要。

贝佐斯曾说："不要害怕录用比自己优秀的人。"

换句话说，在招聘时不能妥协，因为通过雇用优秀的人才使公司发展得越来越好是极其重要的。

只有招到优秀的人，才能取得好的业绩，公司就能不断成长。

与其录用能力平平的人，让他们入职后引发各种问题，再拼命解决，还不如在招聘时就严格要求。

有问题的员工加入之后产生了问题，会给所有人带来麻烦。例如，如果公司录用了一个自己能力一般，还不尊重下属的人，由于他/她的骚扰，很多人都辞职了，那就太糟糕了。但如果在最初录用时就把标准抬高，之后出现问题的可能性就会降低。

所以贝佐斯说，首先要在招聘上下一番功夫。

经理六成的工作与人力资源有关

第3章时我也会介绍，在亚马逊，招聘不仅仅是人力资源部门的工作，每名员工都是招聘的当事人、面试官和培训师。招聘是一项经常性的工作，而且要与正常业务同时进行。

虽然招聘工作的多少因人而异，但职位达到一定级别后，每周都会有两次左右的面试。就我当时而言，本部门的招聘再加上其他部门的委托，一周有6次面试都是很正常的。在我工作的15年里，大概面试过2000人。在亚马逊，今天或明天突然要进行面试的情况并不罕见，很多会议室都挤满了面试人员。

在一般的公司，招聘面试是一年中固定时期的一项特别活动，但在亚马逊则完全不同。因为我经常外出，所以不能现场面试时，就会通过电话面试。电话面试很难进行，因为看不到对方的面部表情，但这也没办法，招聘不得不进行。虽然不会只通过电话就决定录用，但电话也可以完成大部分的面试工作。

在亚马逊，当员工成为经理并拥有自己的团队时，就必须确保自己参与到招聘当中，并从其他团队那里获得协助，所以亚马逊的经理会感觉一年到头总是在招聘。根据我的个人亲身体验，工作中30%的内容都和招聘相关。如果再加上与下属的一对一交流和培训，多的时候，60%的工作都与人力资源相关。

特别是在每年1月至3月的年度人力资源评估期间，光是招聘工作就忙得不可开交，根本无暇顾及其他。

这也说明了亚马逊对人力资源的重视程度，人才的招聘和评价是亚马逊员工最重要的工作之一。

以录用时的严格筛选，保持亚马逊轻松的工作环境

要在几个小时的面试中判断某个人的一切是相当困难的。然而，在招聘面试中投入这么多精力，招进来的却还是令人失望或与预期不符的人，这种情况几乎是不可能的。

在加入亚马逊之前的一份工作中，如果其他部门做了不诚实的事情，我就会立马发火，一发火，就会把桌子下面的铁制垃圾桶踢翻。

但是在亚马逊，15年里我只产生过2次想踢翻垃圾桶的冲动。

甚至就连提出异议的情况都很少，因为双方都是讲理的，所以只要冷静地交谈就可以了。在亚马逊，那种愤怒到想要踢翻垃圾桶的事情是不会发生的。这是因为在招聘应聘者时就会从OLP的角度考察他们，所以双方都已经掌握了亚马逊人的行动理念，也就是思维方式和价值标准。虽然不同部门的工作方向不同，难免会产生矛

盾，但根本上还是相通的，比如亚马逊人都以Customer Obsession为目标，双方好好沟通的话，最终意见就能达成一致。

所以亚马逊是个工作起来轻松舒适的职场。可以说，在这里几乎不存在为了完成工作不得不更多地关注公司政治和人际关系的烦恼。但是，由于设定的目标很高，要想达成很困难。

【目标设定与评价】
实现20%增长率的指标文化

公司目标与个人目标联动

亚马逊是一家要求销售额每年增长20%以上的公司。不用想也知道，这是一项艰巨的任务。

之所以能够实现，是因为公司的运营机制和OLP的思维方式得到了整合和灵活的运用。特别是目标管理方法使20%的销售额增长率成为可能。

具体来说，如果"销售额增加20%"是公司整体的最终目标，那么每个部门的目标就是为了实现这个最终目标而分解出来的小目标。所有这些全都会用数字表示，并定期检查是否完成。如果进展不顺利，上司和整个团队要一起进行PDCA循环[①]，一起改进。

所有部门行动的总和最终创造了20%的销售额增长率。反过来说，如果各部门达不成自己的目标，就无法实现20%的增长率。正因为有了能够确认每个目标是否达成的指标（也就是通常所说的KPI），才能实现20%增长率的高目标。详细内容将在第6章介绍。

并非只要提高数字，做什么都OK

提出"销售额增长20%"的高目标，很容易让人产生"采取什么手段无所谓，只要能赚钱就行"的想法。然而，亚马逊并没有这样做。

想提高利润率是很容易的。比如，亚马逊可以想方设法预测客户订单，做好相应人员配备，并提前扩大仓库的容量，这种机制可以让亚马逊在客户下单后第二天就交付货物。

如果延迟3天配送，就不需要过多的人力和设备，工作可以平均安排，成本就会降低，利润率也会立马提升。

不过，将配送时间推迟3天不能满足顾客"立马拿到"的愿望，就不符合OLP中的Customer Obsession理念了。

---

① PDCA循环是美国质量管理专家沃特·A. 休哈特（Walter A. Shewhart）首先提出的，它将质量管理分为四个阶段，即Plan（计划）、Do（执行）、Check（检查）和Act（处理）。在质量管理活动中，要求各项工作按照做出计划、计划实施、检查实施效果的步骤进行，然后将成功的纳入标准，不成功的留待下一循环去解决。——编者注

因此，在亚马逊，为了提高利润率而选择推迟3天配送的领导者，即使降低了成本也不会得到认可。无论利润率最终提高了多少，从OLP的角度来看都不好。

也就是说，在亚马逊工作当然要有业绩，但业绩是由OLP决定的。因此，如果定性和定量两方面都做不好，就得不到很高的评价。假如还一直不改正，就会被调换部门，或者出现一般公司所说的降职。

在一般公司，销售业绩好的人会得到很高的评价，很少有人会询问他们是如何完成的。如果为了销售业绩做一些过分的事情，甚至可能会违法，这是因为一般公司的评价标准只有销售业绩，而对于达成业绩的手段却没有明确规定。

目标不明确，员工与企业都无法成长

亚马逊基本的评价制度是，每个员工都要有目标，并对其实现目标的情况进行评价。听起来这似乎理所当然，但令人惊讶的是，很少有组织能够做到，甚至很多时候目标本身就很模糊。

我见过不少公司设定的目标，有的甚至把"每天早上精神饱满地打招呼"作为目标。当然，如果新员工没有这样的习惯，可以把它作为目标，但一两个月后习惯就养成了，没必要把它作为一整年的目标。但是，实际上很多人每天都在为这样的目标工作，而这些目标与他们的工作之间根本没有直接关系。

在这方面，亚马逊的目标是非常清晰的，因为所有目标最终都和公司总目标相联系。

在亚马逊，是根据KPI设定目标，然后评价业绩的。一旦明确了"我今天做了这些工作"，顺藤摸瓜就能知道自己对公司的哪个目标产生了影响。因此，没有哪个目标是与工作业务无关的。亚马逊的机制就是只要做好这项工作，实现这个目标，就能为实现公司总体目标做出贡献。

以上这些听起来像是在说日本企业的坏话，但在日本企业工作时，我的确时常思考："为什么要做这份工作？"在亚马逊却很少有这种想法。如果对自己的工作无法理解、不满意，那只能说明自己的目标与公司的目标有偏差。

另外，在亚马逊，如果你对上司说："请解释一下，为什么我必须做这项工作"，那他/她就必须解释，并且要给出一个令人信服的理由，而不仅仅是"就这样做"或"这是高层的命令"。这一点应该不难解释，因为个人目标是公司总目标分解之后形成的。

像这样设定了明确的目标，工作就会变得非常容易。知道"只要做了这个，就会得到认可"时，就能很好地完成工作，朝着这个目标前进，就能找到自己的成长之路。

这样员工就会自发地行动起来，如果不能自发行动，上司也可以采取One on One（一对一）的方式进行激励，后面会详细解释。

不管怎样，首先要明确个人目标，这是关键。

我前面多次提到过，日本公司在这方面做得还不够。虽然最近大企业也在改变，但很少有做到以数字形式设定个人目标并进行评价的。

"那家伙很努力啊"，用这种不知道算是客观还是主观的标准来评价，员工也无法认同。

即使员工自认为已经很努力了，但如果与上司希望的方向不一致，在考核时，被评价"你这一季度的工作不理想"，想回顶一句"如果有偏差，为什么不早点告诉我"，也是完全可以理解的。

我认为这种人力资源制度对员工个人的积极性毫无帮助。

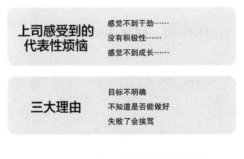

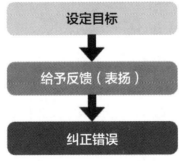

图1-2　设定目标的重要性

【职责范围】
在岗位说明中明确的工作任务

如果工作范围模糊，目标也会不明确

那么，如何才能设定合理的目标呢？首先，必须明确工作的责任范围。

设定了目标，就意味着对于必须要做的工作"要拿出相应的业绩"，也就是为了达成目标而制定了相应的工作任务。

明确员工责任范围的文书，叫Job Description（岗位说明）。在亚马逊，所有工作都有类似"这就是你要做的工作"这样清晰描述工作范围的文书。

比如在仓库工作的人，其岗位说明文书上会写着"努力实现与安全、质量和生产效率有关的目标，以保持所负责现场所规定的指标"等。说得极端点，也就是不必做岗位说明以外的工作。像这样，员工所做的这项工作被赋予了怎样的责任，全都有了清晰的界定。

　　这种岗位说明也不是从一开始就有的。我记得刚进公司时还没有，那个时候，一个人可能同时做大约三种工作。

　　但是随着公司的规模越来越大，组织化程度越来越高，员工也越来越多，如果不划定工作界限，员工A和员工B工作重叠的情况就会越来越普遍，于是就出现了岗位说明。

明确工作和责任范围的益处

　　在亚马逊，岗位说明清晰地写着每个人的工作内容，所以员工很明确他们应该做什么，并且每个人都被赋予了相当大的权力。因此，很少出现"得问上司才能知道该做什么"的情况。因为不必一一确认，所以工作会完成得更快。

　　经常有人说，工作能力强的人很难把工作下放，因为他们觉得"自己做会更快"。这样的话，工作就会集中在他/她一个人身上，从而成为工作流程中的瓶颈，阻碍下面人的成长。为了避免这种情况发生，亚马逊下放了权限，工作时不需要那么多等级。而之所以能够权力下放，是因为有岗位说明，明确了每个人的责任范围。

　　把权力移交给下属也是培养人才的一种方式。把上级的一部分工作分出来交给某人，就意味着在训练他/她，让他/她在将来能够完美地胜任更高的职位。

　　亚马逊在让普通员工担任下一任经理时，经常采用代理的方式。也就是让普通员工代行经理的工作，并且赋予他们经理的权力，让他们做3个月或6个月，如果做得好，可能就会升职。

只有明确了工作和责任范围，才能将人与工作分开。例如，在亚马逊内部，日本人很少休假，但我在亚马逊工作时，有好几次都请了长达2周的假。美国人和欧洲人休息1个月左右都是很正常的，男性休3个月左右的陪产假也是理所当然。这意味着公司必须考虑这个人不在时怎么办，为此，就要构建便于权力下放的机制。

【沟通】
密集的每周一次的一对一交流

重视一对一对话

明确了工作和责任范围，制定了合理的目标，剩下的事情放任不管，工作就能顺利进行吗？答案是否定的。一年后、半年后才发现没达成目标，然后一味地责备员工"怎么回事"，这样的上司是不称职的。

上司要检查员工是否在朝着目标积累成果，如果进展不顺利，就要适时地伸出援手，这些行为最好出现在问题发生之前，而不是之后。为此，上司必须尽可能频繁、密集地与成员进行沟通交流。

因此，亚马逊每周都会举行一次One on One会议，每次30分钟左右。

最近，越来越多的日本企业也开始采用One on One的方式。一对一地向对方传达信息是非常重要的。

说起开会，一般企业都是一个上司召集五六个下属，让他们进行口头汇报。

例如："好，××，说说你上周的工作吧。"

从团队内分享信息的角度来看，这样做或许效率很高，但其他人只是在听，这样就是在浪费时间。与其让其他人闲着，还不如和一个人一个人地交流，这样效率更高。

就信息的密度而言，没有比One on One更好的了，对于彼此都很忙、没有机会见面的职场更是如此。特别是现在远程办公的情况越来越多，如果不特意抽出时间仔细交谈，就不知道彼此在想些什么。

当然，亚马逊并非从一开始就频繁采用One on One。最开始是有的人做，有的人不做。大约从2000年下半年开始，亚马逊决定正式实施One on One，管理人员开始学习如何开展One on One工作，如今One on One已经纳入人力资源机制。

When：每周或隔周实施

Where：可以确保隐私的单间等

Who：上司和下属

Why：确认目标进度并采取必要的行动

What：1.确认目标进展：确认现状、
确认问题、确认是否需要帮助
2.包含私人问题的烦恼咨询

图1-3　One on One

"一对一"对话中下属是主角

One on One是非常有效的方法，但如果做法错误，也会带来不好的结果。

比如过于热衷目标的上司开展One on One时，可能会对未达成目标的员工严厉逼问。单间里只有两个人在，指责对方"为什么没做好"，可能会形成权力骚扰，让下属对参加One on One活动感到压抑。

不用说，One on One的主角是下属，目的是让他们说出自己的想法，而不是对他们进行审问。

上司应该先尝试进行询问："工作上有什么不顺利的地方

吗？"

"这里没有达到目标数字。"

"你认为是什么原因呢？"

"我认为这里和这里没有做好。"

"你现在打算采取什么措施来解决这个问题？"

"现在考虑了两个对策……"

"原来如此。那么，我有什么可以帮你的吗？"

通过这样的询问，如果对方说"我需要这样的资源"或者"这里的计算我不会，希望您能帮助我"，这时上司可以选择亲自帮助，也可以说"那就请A帮忙吧"，让员工拜托他人。当困扰的事情解决了，下属就可以开始为实现目标而努力，这才是真正的One on One。

在亚马逊，One on One基本上是一周一次，有时甚至两周一次。虽然时间不固定，但尽量会在每周的同一时间进行，如果不方便，可以商量决定下次的日期。包括闲聊在内，One on One的时间一般会控制在30分钟以内，除非有大型会议，否则一定会进行。

因为有了这样的沟通交流，所以不会出现事后才发现员工的目标未达成的情况，也不会在评价阶段出现"我努力了""你这方面做得不好"这种认识上的偏差。

【组织形态】
扁平＆简单的层级结构

亚马逊的开放式组织氛围

这是在千叶县八千代市成立亚马逊配送中心时的事。

我家在横滨，去千叶的八千代太远了，所以我在工作地点附近租了一间公寓（费用由公司承担），独自在那里生活了一段时间，我是亚马逊（日本）公司的第一个单身赴任者。

八千代的配送中心举行开业仪式时，我们请来了神官，搭起红白幕布装饰的祭坛，进行了玉串祭奠仪式，这是日本式的庆典，西雅图总部的运营、人力资源和金融部的高层都参加了此次仪式。

开业仪式结束后，我在洗手间碰到了亚马逊全球运营总裁马克·奥纳托（Marc Onetto）。

"阿将（我被称作阿将），你家在这附近吗？"马克问道。

"没有，我家在横滨，从这里开车要两个小时，所以我就在这附近租了一间公寓，一个人住。"

"啊？等一下。那你家人呢？"

"家人都在横滨，就我自己在这里。"

对他们来说，单身赴任是无法想象的事情。

"你和家人分开住不孤单吗？"

"唉，这是工作，没办法。"

听到我的回答后，他直接跑去找我老板。

"你想办法帮帮阿将吧，不要让他和家人分开。"

后来，我的老板笑眯眯地走了过来，说："喂，你跟马克说了什么？他突然跑来找我，说让我'想办法帮帮阿将'。"

那是2008年左右的事了，公司已经成立了大约13年，销售额也已经达到2万亿—3万亿日元。这种规模公司的SVP（Senior Vice President，高级副总裁）也会关心作为GM（general manager，总经理）的我的私人生活。

现在公司的规模比那时更大了，虽然可能关系没那么亲近，但我相信，即使是现在，亚马逊仍然是一个上下沟通良好的开放型组织。

等级较少的亚马逊组织

如今，亚马逊正在努力成为拥有140万员工规模的世界第一大企业。

与我2000年进公司时相比，这样的大企业，组织层级化、复杂化是理所当然的，但实际上亚马逊的组织却简单得出奇。

亚马逊共有12个职位等级，大学本科毕业或研究生毕业的新员工在总公司工作的级别为3级。进入公司后，大约两三年就能达到4级。

通过中途录用方式（雇用有经验的员工）进入总公司的人，其职位级别会根据职务权限发生变化，最低是从4级开始。

1—3级的职位只出现在仓库和客户服务部门。

在日本，4级之后，还有5—9级。第10级是VP（Vice President，副总裁），第8级是董事，第7级是高级经理。也就是说，日本的组织只有4—9这6个等级。也就是说，通往顶部的等级非常少。

亚马逊有一个叫作"Phone Tool（电话工具）"的数据库，类似员工花名册，上面有每个员工的姓名、职责、上司的姓名、邮箱地址、电话号码、组织结构图。这张组织图的特征是，串联起每个人的基本上都是一条线：上级→其上级→其上级→其上级。

我还在亚马逊的时候，上级是日本运营的最高领导，再往上是全球运营的高层，再往上就是杰夫·贝佐斯，所以我距杰夫·贝佐斯只有三个级别。

虽然不知道是真是假，但据说微软的职位仅在美国就有100级左右。从这个意义上来说，亚马逊确实是一个简单而扁平的组织。

有一次，某项目急需通过，西雅图那边却迟迟不回复。当时我正好要去西雅图，就找了SVP，直接跟他交涉"无论如何请通过这个项目"。结果，SVP当场就同意了。

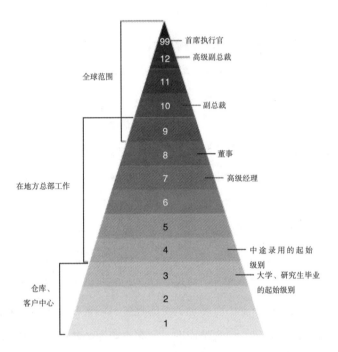

图1-4　12个职位等级

虽然他是亚马逊全球运营的高层，但在我看来，他只比我高两级，直接交谈也不是不可能。但在日本企业来看，他肯定属于"云上之人"（遥不可及）了。我觉得这种开放式组织非常便于沟通，很不错。

日本企业的多级分层，是使组织有效运行的一种方式。曾经有一段时间，我认为这样做是正确的。

但现在要我说这是否正确，我的回复恐怕是否定的，因为世界发展的速度太快了。如今的时代，做出判断的速度将直接关系到业务的成败，如果反复审批请示、盖章都要花一个月，那么新业务恐怕就无法开展了。

上司与下属的简单关系

亚马逊选择成为开放式企业的另一个原因是，其基本组成单位是"上司与下属"。这就是为什么PDCA循环可以在亚马逊高速运转，并在人事问题上很少发生分歧。

在亚马逊，主要评价你的是直属上司，他/她也是最了解你的人。

在进亚马逊之前，我每天都是按照科长的指示工作，有什么事也是找科长商量。然而评价我的却是部长，部门有50多人，我每年与部长交谈的机会都没有几次……

因此，当部长给我看"这是你本季度的评价结果"时，我心想："部长对我有多了解呢？"

我认为最好的制度是由与我沟通最多的科长对我进行评价，并明确告诉我评价的依据是什么。

在亚马逊，评价者和被评价者都是上司和下属的关系。两者共享目标数字，并共同为公司的最终目标努力，这也许就是亚马逊强大的源泉。

【数据库】
任何人都可以自由获取信息

访问数据库

在亚马逊，任何员工都可以访问包括销售数据在内的数据库（只有股票交易数据的访问受到限制，因为使用这些数据进行股票交易可能构成内幕交易。因此在使用这些数据时，员工需要保证不参与内幕交易）。当然，并不是所有信息都是开放的，但只要是业务上需要的信息，都可以轻松获取。

每个公司都有大量的数据，但多数时候普通员工无法使用，因为公司害怕信息泄露，所以会限制访问。如果想要得到这些数据，就需要向信息系统部门申请，让其帮忙导出，还需要用Excel（电子表格）进行加工处理，流程相当麻烦。

但是，如果能灵活运用数据，就能更轻松地提出新方案。例如，某项服务的顾客满意度很低，就可以通过改善它来提高顾客的满意度，这一点正是得益于可以自由地查看数据。

在亚马逊，利用数据是非常自由的。除了顾客的信用卡号码和姓名等个人信息，几乎任何信息都可以查看。我是在入职两周后得知这件事的，当时我感到非常惊讶。可以看到一天内亚马逊卖了多少商品，是什么类别的商品，价格是多少，进货成本是多少等等，这些信息在工作中非常实用。

例如，在亚马逊（日本）公司创立之初，迫切需要挑选一批英文书籍。我进了大约2万册图书，至于这些图书是如何挑选的，我在亚马逊（美国）网站搜索了过去几年出口到日本的书籍，挑选了前100款最畅销的直接下单。亚马逊每个国家的数据都是公开的，这使得有些工作变得异常简单。

便于开展以事实为基础的讨论及新的挑战

访问数据库会有什么好处？

首先，如果不看数据，就无法验证自己的推论是否正确。随时可以查看正确的数据，很容易就能发现问题，也可以确认问题是否得到了改善。

所以在亚马逊，一切都可以以事实为基础进行讨论。"这是为什么呢？""你看数据了吗？"像这样借助数据与人交谈是很常见的事。

其次，在面对新挑战的时候，也必须看数据。

例如，在总部工作的人经常会挑战新的业务，为了设定前所未有的业务目标，他们需要确定自己的"成功标准"，设定一个数值作为KPI，如果达到这个数值，项目就算合格。

为此，他们必须得到自己想要的数据并时常验证。这就是为什么亚马逊允许员工访问数据库。

可以说，这种让每个人都能访问数据库的方式对于培养KPI文化至关重要。如果按照别人制定的KPI工作，恐怕是无法实现指标文化的。员工在可以创建自己KPI的环境下工作才能产生速度感。

很多日本企业也意识到了这一点，将公司所有的部门都与公司整体相连，目标数值与实际业绩之间的偏差会自动计算出来。但是，除此之外的很多事情就做不到了。而且，一旦设定了数值，就很难再改变对数值的看法。但是商业环境在不断变化，个人的目标也在不断变化，因此我们需要一种可以自由访问数据、自己设定KPI的机制。

将一切都有机地联系起来的
亚马逊人力资源战略

从面而非点的角度来理解

OLP行动理念。

严苛的招聘思维。

使用指标设定目标并进行评价。

在岗位说明中明确工作和责任范围。

以One on One的方式进行密切沟通。

扁平而简单的组织。

所有人都能访问的数据库。

至此，笔者从人力资源角度简单地介绍了亚马逊员工能充分发挥才力、从容投入工作并取得业绩的原因。

有的读者所在的公司已经在做类似的事情了，也有的读者认为自己的公司完全没有实行。或许你的公司一开始只引入某一种机制，例如岗位说明、One on One、目标设定等，即便如此，也能取得不错的效果。

但是，我希望大家不要忘记，这些机制是有机地联系和协同发挥作用的。

正因为有了岗位说明和目标设定，员工才能对所承担的工作尽心尽力，推动目标的实现；正因为有了任何人都可以访问的数据库，员工才能正确地设定和评价目标；正因为有了One on One的沟通，员工才能检查工作进展情况，并在必要时获得帮助。此外，员工和经理能够进行思想沟通，获得彼此的认可，也都得益于One on One和扁平化的组织结构。

包括招聘在内，亚马逊所有的工作都遵从同样的价值观和行为原则（即OLP）。因此，很少出现不健康的冲突和毫无意义的争论，每个人都可以轻松地处理艰难的任务。

从下一章开始，我将从人才招聘、培养等各个领域，对亚马逊的人力资源战略进行详细分析。

第 2 章

亚马逊的根基OLP

14条秘诀

本章导语

本章将详细阐述第1章概述的OLP。

OLP是亚马逊及所有亚马逊人的行为准则和价值判断标准。不仅是日常工作，人才招聘、培养、评价等一切都要按照OLP执行。自然地，员工对OLP的14条法则就了如指掌。

后面我还会提到，OLP不单单是一个企业的行动理念，它在其他方面也有着巨大的影响力。因为它在世界各国、任何地区都适用，不仅在工作中，在家庭生活，甚至整个人生中，它都能给我们带来有益的视角和思考方式。

读完这一章，你就会明白为什么说OLP是亚马逊最大的创新。

那么，我们先从第1条Customer Obsession开始介绍吧。

第1条　客户至上

从客户的角度思考

OLP的第1条是Customer Obsession。

在亚马逊，每个人总是从客户的角度反向思考，如"针对客户的需求，我们能做些什么"。

总之，亚马逊是一家为了客户，对内部员工的所有行为都有所规定的公司。

贝佐斯是亚马逊最重视客户的人，所以对于未能满足顾客需求的事情，他总是采取严厉的应对措施。

为了满足客户的需求，即使会损害公司的利益或增加繁琐的程序，他也就一个字："做。"

完事之后他会说："我们要做得比现在更有效率。"

他提出："如果为客户做的事情需要成本，那么你们的工作就是考虑如何做不需要成本。"

他的基本态度是，与其把成本转嫁到客户身上，不如想想如何为客户提供服务的同时还能降低成本。

亚马逊是一家不断开展新业务的公司，它会事先明确退出的条件，自开始它就没有说过一定要盈利。退出还是继续的判断标准是"能否满足客户的需求"，以及"是否通过此项服务，为客户提供了良好的Customer Experience（客户体验）"。

刚开始公司有亏损也没办法，但是要执行PDCA循环。知道了KPI与成本之间的关系，就要在客户体验的KPI不变的前提下，优化其他指标。亚马逊的每项业务都是这样进行的。

我认为这源自Customer Obsession理念，即我们必须始终将注意力放在客户的需求上。

不要认为"其他公司都在做，我们公司也应该效仿"

Customer Obsession中有这样一句话：虽然领导者也会关注竞争对手，但更重要的是坚持从客户的角度考虑问题。

在商业活动中，很多人都会有"那家公司做过，我们也应该做"的想法，于是很多公司经常会仿效其他公司的做法。但是在亚马逊，基本上没有这种想法。

关于亚马逊与竞争对手的关系，我举一个例子。在日本，苹果是首个进行大规模音乐发行的公司，其实当时美国的亚马逊已经有了音乐下载服务，也就是说，只要亚马逊把这种技术带到日本，就能立即开始提供服务。一般的思维方式是"既然苹果开始了，那我们也应该早点推出"，但是亚马逊并没有这么做。

因为在日本，如果公司与歌曲版权人的合同还没有签订，即使开设了音乐商店，也无法储备足够数量的歌曲。

顾客来到亚马逊的音乐下载商店希望得到的是："啊！有我想要的歌曲。"如果达不到这种状态，即使开业也只会让顾客失望。对于亚马逊来说，并不会在乎"不要输给苹果"之类的事。

亚马逊追求的是，提供一个网站，顾客来到这里后能发现并买到所需之物。所以，如果没有准备好，就不会去做。

亚马逊没有"击败××"的想法。当然，亚马逊的目标是提供客户认可的、比现在的亚马逊更好或者至少同等水平的服务。

另外，当亚马逊关注的指标输给其他公司时，员工会努力去改善，但除此之外，就无所谓了，如果不是客户想要的，就不必一一处理。

亚马逊曾经推出过智能手机Fire Phone，但中途退出了市场，退出的原因也是"不能为客户服务的东西是没有意义的"。

当然，Fire Phone的销售情况也不理想，但贝佐斯本人决定结束这项业务首先是因为它没有提供客户真正想要的服务（尽管我认为他没有完全放弃）。

即使亏损也要让顾客满意

当然，如果其他公司为顾客提供了更好的服务，那绝对是要效仿的。

举个最通俗易懂的例子：亚马逊认为尽快把商品送到才能让顾客满意。因此，交货期1天比3天好，6小时比1天好，1小时比6小时好。

最理想的状态是鼠标一点就能送到，所以亚马逊对缩短商品送达时间极为重视。

为此，亚马逊会经常对比日本国内各个分公司实际交付产品的速度。亚马逊有专门的调查团队，负责收集从订货到配送的所有数据。

那是很久以前的事了。有一次，我发现亚马逊在福冈地区的配送比其他地区的公司慢。按照Customer Obsession理念，这个问题需要立马解决。

于是，我们计划在佐贺县的鸟栖市建一个仓库，如果在那里建立了仓库，就能实现当天送达，问题不久就会得到解决。

但在仓库建成并投入使用之前，客户还是得等待。于是，亚马逊做出了惊人的举动——对一定时间之前的订单使用了航空配送。通过这种方式，亚马逊实现了比其他公司更快的速度。

一般公司是不会这样做的，因为使用航空配送的成本很高。然而，在亚马逊，为客户快速交货是理所当然的事，所以亚马逊思考的是如何降低这种成本，采用某些发货时间段、发货方式等，都有可能降低成本。另外，还可以尝试增加从大阪发货的比例，因为在大阪配置商品可以加快九州地区的配送速度。

解决问题时，每个团队的成员都可以发挥各自的聪明才智，保证商品以与竞争对手大致相同的速度进行配送。下一步，就是试图超越对手了。

这就是为什么我们总是关注顾客的Customer Experience，这就是所谓的Customer Obsession，这与"我们的竞争对手在做，所以我们也要做"是不同的。

目标是成为全球最重视客户的公司

14条OLP的顺序其实没有太大的意义。例如，第4条"Are Right, A lot"并不比第5条Learn and Be Curious优先。

但是，将Customer Obsession放在首位是有原因的。

亚马逊在全球展开的"Our mission（我们的使命）"中也指出，亚马逊是"Earth's most customer-centric company（地球上最以客户为中心的公司）"。换句话说，亚马逊首先是一家为客户服务的公司。

OLP之所以Customer Obsession开始，就是因为它承载着如此重要的意义。

♥ 插曲：过度包装与贝佐斯瑜伽垫

"即使是能用手拿得过来的小物品，亚马逊也装在纸箱里送过来，这不是过度包装吗？"

大约10年前，我经常会听到类似这样的话。之所以发生这种情况，是因为在亚马逊对货物进行分拣的是机器而不是人。

机器分拣可以使得商品快速送达，但也有顾客会认为"用这么大的箱子运送太浪费了"。

但是如今，小件物品亚马逊都会用信封或纸袋寄出，使用纸箱的情况越来越少了。

亚马逊还会检查包裹中的"空气率"有多少。换句话说，亚马逊会测量所有商品的长、宽、高，并将商品的体积与用来运输的箱子进行比较，从而测算出包裹中空气含量的比率。减少包裹中的"空气率"被设定为技术部门的一项KPI，因为运输空气是一种浪费。

由于引进了新的机器和重新包装，亚马逊包裹的"空气率"在过去10年中可能已经减半。

杰夫·贝佐斯曾经在亚马逊买过5个瑜伽垫。（顺带一提，贝佐斯个人生活中几乎所有的东西都是在亚马逊上购买。）5个瑜伽垫分了5个箱子邮递给了他，并且每个箱子都很大，这让杰夫·贝佐斯很恼火，他把照片发给了亚马逊的相关工作人员，并指出"这种事情不应该发生"。据说当时公司内部一片哗然，就像捅了马蜂窝一样。

这样打包是有原因的，因为亚马逊的系统就是这样设计的。超过一定尺寸的物品，一件一箱，分别发货。另外，亚马逊的商品有时是在不同的仓库，所以不一定会将多件商品打包放在一个箱子里。

然而，瑜伽垫事件之后，美国开始实行一种机制——尽可能地提高箱子的填充率。亚马逊在各国的公司都引入了这一机制，所以现在有时会是一个大件物品和一个小件物品装在同一个箱子里。

杰夫·贝佐斯的思维总是从客户的角度出发。

"这样的话，顾客怎么会满意呢？"

他经常这样发问。于是，亚马逊人就开始行动起来，想办法解决问题，但这并不是为了取悦杰夫·贝佐斯。

说到底，还是为了让顾客满意，我认为这就是亚马逊的厉害之处。

第2条　主人翁精神

全体员工都有主人翁精神

很难找到一个与Ownership完全对应的日语词汇，硬要翻译的话，"拥有主体性""把它当成自己的事""拥有主人翁精神"等说法比较接近。

单纯说到Ownership，可能有人会认为"那是管理者或事业部长级别的人所要具备的东西，与我无关"。

但是在亚马逊，即使是新员工，都要像自己经营公司一样，对自己负责的工作始终保持Ownership的态度，这意味着必须把公司当成是自己的来看待。

经常思考"如果我是管理者，会怎么做？"

比如，为了提高业绩采取了损害顾客利益的手段会怎么样？明明重视顾客是一切的前提，员工却优先考虑了自己或自己的部门，忽略了客户，这种行为可以说是缺乏Ownership。如果想让公司持续经营下去，就要明白该优先做的是什么。我认为能够这样思考并采取行动的人就是拥有Ownership的人。

即使对自己部门不利，但对整个公司是有利的，并且对Customer Experience有积极影响的话，那么是可以接受自己的部门陷入困境的。如果是公司的管理者站在更高的角度纵观全局，应该能做出这样的决定。

第3条 创新简化

创新是亚马逊的命脉

OLP的第3条是Invent and Simplify（创新简化）。

亚马逊是一家重视创造新事物的公司。

重视到何种程度呢？贝佐斯在卸任CEO时向所有员工发出了一封A4纸大小的信。信中使用了十几个类似invent（创造）、invention（发明）、innovation（创新）这样的词汇。

贝佐斯的信中包含了这样一些信息：技术革新和发明是亚马逊的生命线。我们需要不断地播下新的种子，虽然最后只有部分种子会开花。即便如此，如果不继续播种，将无法满足顾客日益增长的需求。为此，领导者尤其应该创造出新的技术和新的商业模式，不断开拓新视野。领导者不应满足于现有的系统，那不是亚马逊的追求。

对现有的进行改良也很重要

在亚马逊，不仅要不断地进行新发明，同时也要Simplify（简化）。

亚马逊并不认为它现在的服务方式就是最好的。在追求新事物的同时，亚马逊也在寻求对现有事物的改良，我认为这就是Simplify。

对于亚马逊来说，网站就是其店铺，目前亚马逊的网站是否是最佳的设计，能让顾客获得正确信息，轻松购买到自己想要的商品？答案恐怕是否定的。即便如此，亚马逊并不会要求员工使用完全不同的技术创建出一个新的网站（不过我认为亚马逊也在研究全新形式的网站）。

让现在的网站设计更加简洁，减少顾客购物前的一两个环节，打造能够让顾客立马找到想要商品的网站。这不是创新，而是简化，目的是改善Customer Experience。

当时，我所在的运营团队特别热衷于改进活动。他们会开发全新的工艺或机器，从而缩短工作时间，这就是创新，这种创新一般是由技术人员负责实现的。同时，仓库现场的人也会通过改变工作所需物品的放置场所来缩短必要的运送时间。这或许与丰田公司的"改进"有相通之处。

例如，将顾客原本需要10个步骤才能下单的过程减少到9个，甚至是8个，这就是简化。将步骤的数量从10个减少到1个，甚至是没有，则是一种创新。但是创新不是凭空出现的，它来自于将10变成9或8的努力。所以，一直坚持创新和简化很重要。

第4条 大多数情况决策正确

领导也会出错

Are Right, A Lot，这句话省略了主语，补全应该为Leaders are right a lot（领导大多数的决策是正确的）。实际上，这句话对于身为经理的人来说，或许是值得庆幸的，因为管理人员和领导可以在"大多数情况下"是正确的，而不是"永远"是正确的。曾经有人对我说过："我知道你们有时也会犯错。"

与此同时，我认为根据以往经验得出的判断，大多数情况下是没问题的，我们要相信自己的直觉。但是直觉也不一定总是正确的，所以，为了提高准确率，我们还要仔细观察数据和现场的情况，努力提高决策的正确率。

那么，A Lot是什么程度的呢？80%、90%还是99%？亚马逊的需要的正确率可能是80%左右。不过，如果一直保持在80%的话，就有点悲哀了，亚马逊需要领导者不断努力，提高准确率。

不管怎样，在很多公司，做错了一次就会被解雇。但是在亚马逊，则会被鼓励"失败也没关系，重要的是从中学到了什么"。所以，我认为亚马逊的领导者很幸运。

不容许失败的组织中，是不会产生挑战的

亚马逊之所以对失败如此宽容，是因为亚马逊总是在挑战新的事物。亚马逊的目标是前人没有去过的地方，没有人探索过的领域。虽然有时可能会有"陷阱"，为了不落入其中，就要用棍子戳戳地面，确认安全后再前进。不能在没有检查的情况下就贸然前进，导致掉入陷阱。

在亚马逊，董事级别以上的人几乎不会被降职或解雇，这是一家即使工作做得不理想也很难被免职的公司。

一旦成为VP，领导者几乎就不会从职位上下来。做以前没人做过的事情，往往会失败。然而由于他们有足够的能力胜任这个职位，也知道如何提高A Lot的概率，所以即使失败了，也不会被降级或解雇。

相反，如果不做任何分析，只靠日本企业所谓的KKD（直觉、经验和勇气）来工作，就会得到差评。

诚然，直觉的准确性会随着经验的增加而提高，做决定时，勇气也很重要。然而，但如果仅凭这些就开展业务的话，可能会带来灾难性的后果。

因此，必须有一个基准，也就是亚马逊的KPI。用KPI建立起适

当的基础，然后灵活运用直觉、经验和勇气，就会做得很好。直觉、经验和勇气的重要性在"Are Right, A Lot"中也会得到体现。

第5条　好奇求知

亚马逊的转折点

接下来的一条是Learn and Be Curious（好奇求知）。"永远要有学习和行动的好奇心"。这是2016年我从亚马逊辞职后新增的OLP项目。

2016年是亚马逊的转折年。

那时，亚马逊已经成长为一个庞大的组织，年收入达到20万亿日元，在全球范围内有数十万名员工，录用了各式各样的人才。

当组织还很小的时候，每个人负责的范围很广。但在2016年前后，亚马逊创建了越来越多的专职队伍，更多的专业人员涌入亚马逊。这些人发挥自己的能力，让组织变得有能力取得更大的成果。

随着公司的发展，每个人的责任范围变得越来越明确，只要做好规定范围内的工作即可，不必参与其他事情。自然地，每个人的贡献范围就变小了。

结果，每个人都无法学到太多东西。其实如果有Ownership的话就不会出现这种情况，但是如果对客户需要的东西失去了兴趣，只做自己眼前的工作，就无法创新了。

正如今天一样，亚马逊之所以在2016年前后表现得如此出色，是因为5年或10年前播下的种子终于开花结果了，例如面向企业的云服务AWS。

现在，AWS是亚马逊的摇钱树。过去开发AWS的人一定是对各种事物都很感兴趣，尝试了各种方法，最终研发出了AWS。

但是，在2016年前后，亚马逊的高层管理者们曾担心员工中这种创造新事物的热情会有所降温。

我记得那时在工作细分的同时，工作量也在激增，光是做自己负责领域的工作就已经手忙脚乱了。那时我们经常说，"明确自己该做的工作，把工作内容整理得井井有条，除此之外的事情就不需要知道了"。

不断学习才能持续发展

如果员工把部门KPI的最大化当作使命，恐怕目光就只会关注这一点。这或许是理所当然的，因为这就是他们一直在努力实现的事情。

但是，这种做法并不是最好的。领导者必须跳出日常工作范围，不断学习，保持好奇心。

事实上，当我离开亚马逊后，许多事情都让我感到震惊。因为之前我一直认为无论是技术、系统还是物流机制，亚马逊都是一流的。但是走到外面一看之后，发现完全不是这样，我觉得自己如同一只井底之蛙，所以这项OLP让我产生了共鸣。

如果业绩不错，员工可能认为一直保持下去就可以了，但如果想想10年后是否仍然如此，事情就有些微妙了。

"有没有什么新技术能让这部分工作变得更好？"

"有什么新的系统吗？"

如果不这么想，恐怕就不会有任何进步。我想这项OLP是在告诉大家，要始终牢记这些想法，以实现不断创新。

第6条　选贤育能

寻找比自己优秀的人才

Hire and Develop the Best，字如其意，在招聘和培训人员方面，要始终追求最好的。

亚马逊认为，招聘对公司的业绩至关重要。因此，要根据OLP招募最优秀的人才，录用比自己优秀的人，并且这样的招聘工作会常年开展。

用跳高用语来说的话，就是要录用能够切实提高亚马逊横杆（水准）的人。

如果录用比亚马逊员工懂得更多的技术人员，或者录用通过Ownership完成亚马逊现有员工都没做到的大业务的人才，那么现有员工的视野也会跟着提高。像这样录用能切实提高横杆（水准）的人就是Hire the Best。

相反，"此人可能工作能力很强，但是录用后亚马逊会有很大的变化吗？这个人会将亚马逊的横杆（水准）提高吗？"如果得出的判断是"好像不会"，那么就不会录用此人。

关于这一点我将在第4章详述，亚马逊重视招聘，所以在招聘时非常谨慎。亚马逊把在别人看来过多的时间和精力都花在了招聘上，这是因为亚马逊总是想录用最好的人才。

对录用的人才要负起培养责任

录用后的培训也很重要。毕竟亚马逊仍在以惊人的速度增长，所以必须不断培养出具有更高水平的领导者。对录用的人才进行教育并使其成长，是直属上司的任务，上司必须对下属进行辅导和指导。

亚马逊是一家重视人才培养的公司，上司希望他们的下属能够成长为他们的继任者，或者超越自己成为更高的领导者，带领公司前进。

像这样注重招聘和培训的公司，职位越高的人，在人力资源方面花费的时间就越多，比如在招聘面试上花费的时间也会增加，也不会削减掉培养下属的One on One时间。

在亚马逊，每年1月—3月的评价期是非常繁忙的，因为除了常规工作，还要做人力资源工作。然而，我认为正是因为投入了这么多时间，才能培养出持续成长的人才。

第7条　坚持最高标准

次日送达不是终点

亚马逊是一家成长中的公司，如果不给下属和团队成员设定更高的标准，他们就会停止成长。

这是因为顾客对服务的要求也在不断提高。

大家还记得，在亚马逊进入日本之前，电话购物或邮购要花好几天才能将商品送到吗？通常任何公司都需要两周左右的时间，对此，没有任何人抱怨。

但是亚马逊却做到了用户下单两天内就送达，现在一天就能送到。如果现在有一家公司开设了邮购网站，并说"我们的产品需要一周才能送达"，那么即使它提供的是与亚马逊相同的产品，也不会有人去它那里购物，顾客总是在寻求服务的提升。

那些对订购后第二天就收到商品而感到惊讶的顾客，后期也会要求在下单后6小时内送达，然后从6小时缩为3小时、2小时、1小时，最终要求在自己点击鼠标的瞬间就能收到商品。

为了跟上顾客要求的速度，我们必须不断设定高标准。领导者不断提高标准，以此提升团队和公司整体的实力，最终超越顾客要求的高标准，这就是坚持最高标准。

不允许"打沙袋"

亚马逊一般会在年初设定KPI，并确定"这就是我们的任务"。亚马逊基本上不会设定简单、轻松可及的目标，一般是需要员工使劲踮起脚，并伸出一根手指才能够到的目标。要达到目标会很辛苦，但如果不设定这种必须努力才能达到的目标，就无法满足顾客日益增长的需求。

不过，也不能设定完全无法实现的目标。也就是说，如果设定的目标是100，那么员工就要做到尽力能完成95—97，设定的目标绝不能轻轻松松就被超越。总体说来，设定的目标应该是很难达到的，只有在所有条件都具备的情况下，才可能超过100。这才是正确又合理的目标。

相反，如果想着"目标完成不了不太好，那就定一个比较低的水平吧"，因为亚马逊的员工都很优秀又努力，那么较低的目标很容易就完成了。因此，对于设定的目标100，如果员工经常能做到110、115、118，那就说明目标定得太低了。这种情况亚马逊会用"sandbagging（打沙袋）"一词来形容。

"明知会超过目标，为什么不设定一个更高的标准？这不就是

sandbagging吗？"

　　"打沙袋"是个拳击用语，指的是击打不会反击的沙袋是不值得认可的。

　　所以，在这种情况下，即使员工做到的远超目标，也不会得到表扬。在一般的公司，如果员工实现了120%的目标，可能会被称赞"太棒了""做得很好"。但是在亚马逊反而会被质疑："这个目标设定得不太好吧？"甚至即使工作已经进行了一半，也会被要求"重新审视目标"，将目标提高。

　　因此，设定一个踮踮脚才能够到的高标准目标是非常重要的，然后再向团队说明"我们将达到这一步""我们必须努力达到这一步，所以这里这样做吧"，为了达成目标，亚马逊的领导者会与团队成员一起想办法。

第8条　远见卓识

更广的视野，更高的视点

在亚马逊，我们经常说"Think outside of the box（跳出盒子思考）"，或者"envelop（拓展范围）"，这和Think Big（远见卓识）的意思相同。

也就是说，不要只从自己所处的位置进行判断，要站在更高的角度思考问题。要假设自己是经理：

"站在高级经理的角度考虑问题。"

"站在董事的角度思考。"

像这样，试着把自己提高一两个级别来考虑问题。

亚马逊原本就提倡"要有Ownership，作为管理者来思考问题"，因此，亚马逊人需要拥有更高的视角。

有时我们可能会变得目光短浅，只能看到眼前的事情，这种时候，就"有必要把世界看得更广阔一些，思考自己该做的事"，这就是Think Big。

实现销售额20%年增长率的基本思维

Think Big是在开展各种项目时经常出现的词汇。

亚马逊是一家销售额每年增长20%的公司，按照这个速度，三四年后公司的规模就会翻倍，达到10倍也并不需要特别久的时间。即使某项业务现在每天仅以100为单位在运转，几年后就会翻倍，再过若干年就会变成10倍。对公司来说，100还可以应付，但1000的话，很快就无法应对了。日本经济已经很久没有增长了，所以很难想象这种情形，但这种情况在亚马逊却经常发生。

我当时在仓库，就时常会想："按照现在的业务量，以后应该如何增加仓库。"但是，在只有一个仓库的时候，我从来没有考虑过雇什么样的人，开展什么样的业务，因为我看到的只有眼前。但是，随着业务量的剧增，现在的物流设备很快就无法应对了，到那个时候即使再恐慌着急，也不可能一年内把仓库都建起来。

所以在亚马逊，员工必须经常考虑当业务变成10倍、100倍时应该怎么办。

这就是Think Big的一个典型例子。

因此，"我没想到规模会变得如此之大"这种话在亚马逊是不应该出现的。

能否以"变大"为前提进行思考，和Think Big有着直接的联系。

亚马逊使用频率最高的词语

在亚马逊，OLP已经作为通用语言使用，其中Think Big可能是最常用的，尤其是在人事考核期间。前面也提过，在亚马逊，OLP是人事评价的定性标准，所以像"此人是否做到了Think Big"经常会成为话题。

在进行人事评价时，我们经常会讨论某个人是只做分内的事，还是除了职责也着眼未来？是否在考虑自己部门的同时，还考虑其他部门？他/她的做法"能吸引客户吗？""生产能力够吗？""进这些货没问题吧？"经常会听到这样的话。比如在考虑圣诞节运营时，经常会听到"是不是不够Think Big？""是否该再Think Big一点？"的说法。

这也正好说明在亚马逊每个人都对增长速度抱有危机感。

♠ 插曲：万年钟

贝佐斯要求员工站在更高的角度进行思考。亚马逊的理念是，领导者不能只在自己狭小的世界里思考问题，应该始终着眼于外面广阔的世界，用长远的眼光思考问题。

最具代表性的就是贝佐斯投入巨额资金的"万年钟"项目。

贝佐斯打算在得克萨斯州落基山脉的基岩中嵌入一个巨大的时钟，它的指针每年只前进一次，将运行一万年，据说制作费高达42亿日元。

谁也不能保证一万年后人类还会继续存在，但是，也许一万年以后的人或者智慧生命会发现这个时钟，并意识到"一万年前的人类，就已经拥有制造这种时钟的技术了"。

贝佐斯是一个在他认为重要的事情上不遗余力的人，他曾从大西洋中打捞出土星号火箭的发动机（该火箭曾搭载美国阿波罗11号飞船登陆月球），并将其捐赠给史密森尼国家航空航天博物馆。

贝佐斯在不断着手做我们意想不到的事情，也是"跳出盒子，以广阔的视野思考问题"的体现。

第9条　崇尚行动

尽早行动比制订完美的计划更重要

Bias for Action直译过来是"偏向行动"的意思，意思是把重点放在行动，而不是思考上。

这意味着"有时间思考，还不如行动起来"，因为行动很重要，强调的是速度。当然，行动也需要承担适当的风险。

亚马逊所处的互联网世界日新月异，几周或几个月就会发生巨大的变化。

要想在这样的世界生存下去，能否迅速应对变化，可以说是决定成败的关键。

而如今的日本，却在谨慎地做着准备。很多时候，当完美的计划被制订出来的时候，世界已经改变了。

在这个意义上，亚马逊有一个产品让我非常钦佩。实质上，它现在依然存在，但已经不能称之为产品了，那就是Dash Button（一键下单按钮），或许有人还记得它。

Dash Button不是失败作品

Dash Button看起来是一个小小的开关，可以贴在冰箱等地方。里面登记了客户经常订购的洗涤剂或咖啡等商品的信息。当客户发现"啊，洗衣粉快用完了"时，只要轻轻一按，就会自动在亚马逊下单。

这个一键下单按钮的电池一年半左右就会耗尽，无法使用了。但没关系，这样正好。

如果让日本企业生产这样的按钮，恐怕产品可以不出故障使用5年左右。但是，在5年的时间里，市场上会出现新的洗涤剂，销售方式会变化，商品名称也会改变。

市面上销售的洗涤剂和洗发水品牌，一年左右的时间一大半都更换了，即使商品名称没变，成分也会改变，流通时的管理代码也会发生变化。因为商品的名字相同，所以顾客不会在意，但对制造商来说却是新的产品。同样编号的商品连续被订购5年，制造商可受不了。所以，在亚马逊的设计下，大约一年半后，一键下单按钮就不能用了。但那个时候会有新商品上市，亚马逊会向客户推荐新的商品，然后再换一个新的下单按钮，这样客户就可以继续"咔嚓"下单了，这就是亚马逊一键下单按钮的构思理念。

所以，在一键下单按钮的开发上，亚马逊并没有花费太多时间，一键下单按钮只需具备连接Wi-Fi就能下单的简单功能即可，关键是要将商品快速生产出来。

以"快速行动，允许不完美"的方式开展业务

我们必须跟上市场环境的变化速度，不能10年都做同样的事情，因为顾客的需求不可能10年一直不变。

那么，关键就是如何才能适应市场和客户需求变化的速度。我认为这很好地体现在Bias for Action之中了。

当然，尽管强调速度，但提出假设和验证数据环节还是必不可少。亚马逊每年都会开展很多项目，大多数都没有成功。即便如此，亚马逊最重视的还是速度。半年后被问及"那个项目怎么样了？"，如果你说"还在讨论中"，对方就会说"要花那么长时间的话，恐怕是不会成功的，还是放弃吧"。这种例子数不胜数。

与其用半年或一年的时间构思完美的产品，不如先用3个月的时间进行小规模的测试。如果测试结果不错，就继续进行，如果不行，就进行PDCA循环修正，然后决定是重新尝试新的形式还是结束项目。

亚马逊认为，与其花时间避免失败，还不如一边承担失败的风险一边开展业务，这样才能更好地适应环境。

第10条　勤俭节约

亚马逊对成本极度苛刻

Frugality（勤俭节约）是亚马逊核心价值观的一部分，它指的是勤俭节约的精神。

有许多事情都可以通过花钱来完成。然而，思考如何在不花钱的情况下实现同样的效果，才是亚马逊人应该做的。如果你花了很多钱，然后说"好，我做到了"，这不是进步。

亚马逊的销售额每年增长20%，即便是这样，公司仍然需要努力做到在不增加员工的前提下通过提高效率来达到目标。

思考如何用尽可能少的钱提供更好的服务是创新的催化剂之一。

在亚马逊，早已刮起Frugality的风暴，特别是在预算方面。亚马逊的员工每年都会进行必要的预算申请，有时候即使提交了很低的预算，仍会被告知："不行，不行，还可以削减。"

也就是说要多动脑筋、多思考。

领导可能会说："如果这份预算申请是你在对自己最大限度能做到的事深思熟虑之后提出的，那可以。但是你现在的这份申请还有很大的削减余地吧？好好考虑一下就能做到的。"

高额预算，特别是设备投资等事情，从来没有一次性通过的。

让不可能成为可能

当然，如果预算过低，合作伙伴也不愿意，所以要让他们也获得适当的利润。因此，亚马逊一般都是使用目前最好的技术，尽可能地降低成本，并根据员工在这个水平上能做的事情来制定预算。

我第一次参加预算会议时，对方看到我申请的设备投资额时，用理所当然的语气说："减到这个数额的一半吧。"

我很惊讶："啊？不可能再降低了……"

但是，就在此时，亚马逊首席执行官戴夫·克拉克（Dave Clark）使出了撒手锏，说道：

"Make Impossible Possible.（让不可能成为可能。）"

"你们能行。因为你们具备这样的能力，所以才被录用，你们都很优秀，肯定能做到的。以前，这样那样的工作不是都能完成吗？那这个也可以，所以把预算减半吧。"

没办法，我只能把减掉一半预算作为目标，但是怎么也达不到，就算再努力，预算也只能削减25%。在我提交之后，戴夫·克拉克说："你看，这不是做到了吗？这不是减掉了25%吗？如果我不说削减50%，你会减掉多少？是零，对吗？"

这就是让员工充分开动脑筋。

节约使顾客高兴

这种勤俭节约的精神还体现在许多其他方面。例如，即使是亚马逊（日本）总裁级别的人，也是坐经济舱去美国，基本不坐商务舱。乘坐新干线也是如此，他们坐的是指定席位，而不是绿色车厢。当然，坐商务舱的话，路上可以好好休息，到了目的地后就可以迅速投入工作。但如果是这样的话，只要提前一天到目的地就行了，因为比起飞机经济舱和商务舱的差价，住一晚酒店的费用更便宜，Frugality就是告诫人们不要浪费非必要的成本。

一般公司会认为仓库和流通是成本比较高的部门，然而亚马逊却不这样认为。仓库负责人开动脑筋节省下来的本金，会以更低的价格和更好的服务返还给客户。节约本金也是运营的工作，即使每个人努力能削减的金额微乎其微，但从整个亚马逊的角度来看无疑是巨大的。

第11条　赢得信任

不需要对他人不敬的人

赢得他人信赖的重要性不言而喻，没有Earn Trust（赢得信任）的人，就不可能被亚马逊雇用。

例如，在招聘面试中称呼下属为"那些家伙们"的人，很可能对下属并不尊重，亚马逊不会认为此人践行了Earn Trust。

因此，亚马逊不存在"虽然工作做得很出色，但不被信任"的人。

能进行自我批评的人更能获得信任

那么，什么样的行为才能赢得信任呢？线索就在Earn Trust解说的Vocally Self Critical一语中，看一个人能否赢得信任就要看他/她能否做好自我批评。例如，如果有人说：

"你们团队做的事情是不是有点奇怪？"

"你的想法是不是有点奇怪？"

当受到别人这样的非议时，只认为"不，我不可能错"。

拒绝批评，最终是无法获得信任的。重要的是，在说"啊？真的吗？"之后，还能够说"我确认一下"。

"不，我们是对的。请不要插手我们的工作。"虽然也有这种人，但要说哪一种领导更值得信任，我认为绝对是前者。

第12条　刨根问底

亚马逊会议的常用语

Dive Deep指的是深入挖掘，这个说法常用于会议。

在亚马逊，如果只看表层数字就得出结论，则会被追问：

"Dive Deep做得不够吧？"

"是不是应该再Dive Deep一下？"

在分析问题的时候，也经常会听到"Dive Deep了吗？做到什么程度？"之类的说法。

在很多公司，当业绩没有达到KPI的时候，对于其他人"为什么没完成？"的询问，员工往往会敷衍了事地回答，但在亚马逊却不是这样的。

丰田公司的"5 Why分析法"①非常有名，丰田公司认为连续询问5个"为什么"就能找到问题的真正原因，Dive Deep与之类似。

---

① 5 why分析法，又称"5问法"，也就是对一个问题点连续以5个"为什么"来自问，以追究其根本原因。——编者注

基于KPI深入挖掘

特别是在亚马逊，会根据KPI进行Dive Deep。

这里的KPI不是指特别小的KPI，而是例如在日本这种国家级别上设定的KPI。如果出现问题，领导会通过"哪个仓库有问题？仓库的哪个环节出了问题？有什么问题？"一步步缩小范围，不这样做就无法找到问题所在。

普通公司一般会问："这是什么问题？哪里的仓库有问题？小田原？那跟小田原那边说说吧。"像这样就结束了。

但是在亚马逊，即使是SVP这种直接向贝佐斯做报告级别的人，也会提出深入现场细节的问题。

这是因为，"对所有领导者来说，需要掌握公司的所有信息"。

我也曾被SVP多次问道："为什么没有达到这个数字？目前现场是什么情况？"

在亚马逊，他们会要求我说明小田原哪里有问题，是过程出了问题吗？那里正在发生什么？他们对现场很了解，而且许多领导也是从现场做起的，经验很丰富，所以有时还会给我们一些建议，告诉我们这时应该怎么做。

不挑剔细节，直击本质

Dive Deep并不是说要挑剔细节，如果没有问题，可以忽略细节。但是，当有异常的时候，如果只是说"咦？这个好像有点问题，需要修改一下"是不行的。

认真发掘问题的来龙去脉，找出真正的原因并提供支持，帮助员工解决问题，这就是领导的工作。

戴夫·克拉克经常对我说：

"你需要什么帮助？人、钱还是工具？"

"如果需要人，我给你提供。我的开发团队有几百人，给你派一个分析师小菜一碟。有需求就告诉我。"

这是一个直接向贝佐斯提交报告的人对我说的一番话。如果没有深入了解情况，是不可能这么说的。

将问题的范围缩小后，他会说："你认为有什么不足？"

其实他心里清楚，但不会轻易说出来。

"你自己判断，然后告诉我你想让我做什么。"他经常这样说。

"我知道你们大多数时候是正确的，所以你们要自己做判断，然后继续前进。"我想他的意思应该是这样的。

第13条　敢于谏言，服从大局

亚马逊不允许"后出猜拳"

Have backbone; Disagree and Commit（敢于谏言，服从大局）可能是日本企业最缺乏的。

例如，在20人左右的会议上，有人针对某个议题发表了意见。听取之后，有人可能会想："啊？这样做不是很危险吗？"但即使这样想，他/她也很少会在会议上表达反对意见。

"要是我提出了反对意见，会议就会拖长。还是待会儿再提醒那家伙吧。"

但是会议结束后，却忘了提醒。一旦项目失败，他/她则会说："哎呀，从一开始我就觉得不行。"这是在日本企业经常见到的景象。

要说亚马逊完全没有这种情况，那也不是。但是与日本企业相比，我觉得这种情况要少得多。

这是因为亚马逊要求，觉得有问题时一定要提出来。这就是

Have Backbone; Disagree and Commit 。

敢于谏言

Have backbone; Disagree and Commit中的前半句Have Backbone说的是"感觉什么很奇怪，有意见的话，就提出异议，做不到这样是不行的"。

当然，这与全盘否定是不同的。

如果一个人否定了别人的想法，但是既没有提出替代方案，也没有提出自己的主张，"那种事不可能顺利""做了也没用"，只会说这种话的批判者，在亚马逊是得不到好评的。

在尊重对方的基础上，亚马逊认为员工应该做到："我明白你的意思。从那个角度看你是对的，但我希望你能从这个角度思考一下。"

如果听到否定的原因并且能够理解是最好的，如果听完后不理解，则可以继续展开讨论。

即使对方是自己的上司，也不能因为有所顾虑而不发表意见。上司也不能因为下属表达自己的意见就对其进行批判，说他/她狂妄自大或爱炫耀。

日本人不太擅长发表意见，但美国人及其他外国人则会非常自然地说出自己的主张，并且不太在意对错。相比之下，日本人认为即使是讨论，也像是在相互指责，连发表意见都很少。有一次我在研讨会上做演讲，最后问"大家有什么问题吗？"结果很少有人举手。如果研讨会上的人有Backbone，那么他们可能会提出这样的问题：

"感觉亚马逊的想法和我们不一样。"

"我们是这样进行管理的，但为什么亚马逊的想法是那样的？"

日本人害怕被人说"为什么你会问这种问题？真蠢"。日本人担心问出那样的问题后被别人认为"那家伙不懂啊""那家伙是个笨蛋啊"。

但国外的人完全没有这种感觉，他们似乎是这样想的：

"提问自己不知道的有什么不对？弄明白了可能会做得更好，所以才要问。为什么不能问呢？"

另外，在日本，特别是会议上，很多人都不发表意见。日本人在会议上什么都不说，走出会议室后几个人会聚在一起窃窃私语："可是……那个……你不觉得很奇怪吗？"

在日本，为什么人们不能堂堂正正地公开发表自己的意见呢？恐怕是因为公司会用负面的眼光看待他们。只要把发表自己意见的人评价为"自大的家伙"，双方就不可能进行建设性的对话。

但是在亚马逊，敢于谏言被列入了OLP，也就意味着亚马逊鼓励个人发表意见，而且能做到的人会受到好评。在会上什么都不说，"嗯，在讨论结束之前保持沉默，然后按照吩咐的去做就行了"，这种人是不会得到认可的。

顾全大局

那么，Have Backbone; Disagree and Commit后半部分说的是什么呢？是讨论结束后的事情。

一旦决定了"好，就这么办"，那就必须转变想法，投入100%的精力去做，否则就会失败。

100%参与才能成功的事情如果仅出80%的力，绝对会失败的。也就是说，一旦你同意对方的想法，就应该尽一切努力使其成功。

举例来讲，如果在9比1的表决中，即使你是那个1，那也得说，"我知道了，既然大家都决定做9，那我也要尽心做好9"。

如果决定按照9去做，却仍然不停地嘀咕"不是1不行吧"，那就毫无意义。而且为了落实顾客的需求，团队成员之间也没有时间互相批判。

第14条　达成业绩

OLP的收尾信息

终于轮到OLP的最后一条，Deliver Results（达成业绩）了。

OLP的14条，始于Customer Obsession，终于Deliver Results是有深意的。也就是为了实现Customer Obsession，要采取第2条到第13条的行动，而且最后要Deliver Results。

为了达成绩，亚马逊会聚焦于KPI，并根据这些指标交付成果。这样一来，客户体验自然而然就会提高。

亚马逊设定的目标需要努力才能达到，所以想要取得成果并不容易，必须运用智慧，必须与他人协作。通过这样努力，最终提高客户的价值，这就是亚马逊人的使命。

即使说得天花乱坠，如果做不出成果，也不会得到认可。正因为亚马逊提供了与其他公司不同的服务、提供了较高的品质，才会得到客户的好评。

所以，不重视结果就没有意义。

交付成果就予以肯定

2000年到2001年左右，亚马逊的经营出现了困难。当时，经济报纸刊登了一篇批评贝佐斯的文章，说"亚马逊最好换掉'.com'的域名"。

他们认为".com"代表公司，但既然亚马逊积累了这么多赤字，应该改为".gov（政府）"，因为亚马逊不再是一个盈利企业，而与政府组织毫无二致。或者说，亚马逊正处于"爆炸"的边缘，"amazon.bomb（炸弹）"可能会更适合。

虽然被如此评论，亚马逊的管理层并不在意。当然，在资金周转方面，贝佐斯和管理层遇到了很多困难，但他们仍然相信，按照自己的信念去努力就没问题。

不过，他们仍然注重交付成果，虚心接受各种批评，尽自己所能，最终实现盈利。

我想，正是因为这样，如今亚马逊仍期望所有员工都能拿出成果。

落实OLP的尝试

经常出现在可见之处

无论多么优秀的行为理念，如果只是"装裱在画框里"，那就毫无意义。

亚马逊也在尝试将OLP应用到日常生活中。

亚马逊（日本）公司员工的脖子上总是挂着带有自己照片的员工证，另外还佩带着一张卡片，上面写着已翻译成日语的OLP，可供随时阅读。

公司内部的墙壁上也贴着印有OLP的张贴物，海外仓库的办公室里也都写着大大的OLP。

比如一面墙上写着Customer Obsession，另一面墙上写着Earn Trust。如果是大会议室，14条OLP内容全都会在墙上。总之，亚马逊营造了一个OLP会经常映入眼帘的环境。

作为共同语言，平时坚持使用

我们经常能看到把公司或部门方针装裱起来，装饰在接待室里的情景。

但是，如果方针的内容稍长一点，并且要求员工默背下来的话，几乎没人能做到，连社长都够呛。

当亚马逊想要推广OLP的时候，考虑的是"怎样才能让其成为整个公司的共同语言"。

即员工会在日常交流中说出："那番话缺乏Customer Obsession吧？"这样的话，亚马逊希望员工能在对话中原封不动地使用OLP。再比如，当分析结果出来时，员工可能会说："这个Dive Deep做得还不够吧？"

当然也可以用日语说："分析得是不是有点肤浅？"但尽量要使用Dive Deep这个词来取代。这样一来，"Dive Deep是什么意思"就会渗透到每个人的心中。

如今，如果有人对亚马逊的员工说"Dive Deep做得不够"，他们应该都会明白，"啊，是分析得太肤浅了"。

把公司方针放在精致的画框里裱起来也不错，但那终究只是装饰品。如果能将方针渗透到员工内心，甚至就没必要写在墙上了，墙上的方针只要能做到让员工在忘记时稍微瞥一眼就可以了，实际上亚马逊也是这样做的。

最重要的是，要让OLP成为一种行动语言，成为大家的共同语。

OLP永远处于未完成状态

环境变了，要求的资质也会改变

这是一个很了不起的理念，实际上，亚马逊没有说"OLP今后永远不变"这一点更了不起。第1条Customer Obsession和第14条Deliver Results不会变，其他内容都有可能发生变化。

因为随着环境的变化，公司对员工的素质要求也会随之改变。重新审视彼时的公司需要什么，榜样的资质应该是什么，必要时不惜改变，这就是亚马逊的风格。

恐怕亚马逊的高管们每年都会对OLP进行重新评估，也许有一天，14条会变成15条。

OLP的开始和结束都很特别

前面我说过，即使将来某一天要改进OLP，第1条Customer Obsession和第14条Deliver Results是不会变的，因为OLP的开头和结尾都很特别。

可以说，把顾客摆在第一位的"客户至上"的态度，体现在最初和最后。

OLP包括14个项目，其中第1条Customer Obsession是最具象征性的，其中贯彻着如果没有对顾客的执着，业务就无法开展的思维。

而如果没有最后的Deliver Results，就无法继续为客户提供服务。归根结底，还是"因为顾客重要，所以才要有成果"。

这14个项目并不是一开始就很完善，第5条Learn and Be Curious就是后期添加的，但是OLP的基本方针至今没有改变。

OLP是世界通用的，
无论是在家庭还是人生中

不需要本土化

读到这里，也许有人会想："这些条目只有美国公司才能做到，在日本不行。"确实，Have Backbone; Disagree and Commit这一点欧美人比我们更擅长，日本人不善于在群体中发表不同的意见，甚至对此很抵触。

但是，世界各国都有亚马逊，OLP是世界通用的。

我曾经怀疑过："东方人真的没有那样的理念吗？"读《论语》时，我惊讶地发现《论语》与OLP有很多共通之处，比如"获得他人的信任很重要"。

日本原本就有"顾客是上帝"的说法，这也与Customer Obsession完全一致。

我认为OLP是世界通用的理念，正因如此，亚马逊才能够成功进军任何国家。

不仅仅是日本，无论把OLP拿到中国、南美地区，或者埃及，并且说"这是亚马逊重视的理念"，我相信大家都会理解。

因此，亚马逊在任何国家都不需要对OLP进行本土化变更，因为它代表了在任何国家都需要的领导者的素质。

OLP也适用于日常生活

这14条OLP不仅对亚马逊公司有价值，对我们的人生也有意义。

在引入OLP时，我曾给在亚马逊仓库工作的全体员工开过一个说明会。当时，我说了这样一番话：

"各位，看了这个，您有什么想法？难道不觉得对育儿很有帮助吗？"

因为那个仓库的职场主妇居多，所以很多人都点头同意。

也就是说，尽管OLP写的是对起领导作用的人的要求，是对想要引导什么朝着某个方向前进的人的要求。

但我认为OLP对所有人的生活都很重要。

例如，"获得他人的信任"很明显在日常生活里也是非常重要的，如果得不到孩子的信任，就不能促进他们成长。像这样，OLP甚至可以成为生活指南。

当然，虽然我说得天花乱坠，实际上我也有很多做不到的地方。

因此，每年比如在元旦的时候，重新审视一下自己就很有必要。

OLP中自己哪些没做好？今年应该怎么做才能做好？制订个新年计划，岂不是很好？

实际上，这也是亚马逊正在做的。在亚马逊，制订个人年度计划的时候，会把为了改善做得不足的OLP将采取怎样的行动落实到计划中。

对于普通企业的领导，通过对照亚马逊的这14条OLP，也能提高领导水平。

♥ 插曲: 领英（LinkedIn）和邮件回复很快的亚马逊

我在领英上关注了戴夫·克拉克，经常能看到他与亚马逊（美国）员工的互动情况。

令人惊讶的是，他竟然还会在亚马逊普通员工的帖子下评论。

他会在诸如"我被聘为亚马逊经理了"或者"我成为亚马逊的员工了"这样的帖子下留言"Congratulations（祝贺你）"！

或者在"我通过了Pathway Program（衔接课程），马上要升为亚马逊的高级经理了"的帖子下评论"非常感谢你一直以来的辛勤工作"。

与亚马逊相关的帖子，一天可能多达数百条。对此，CEO会直接做出回复的情况在日本企业是无法想象的。

另外，在亚马逊，员工对电子邮件的回复也非常快。

从亚马逊辞职的那天，我给三位高管发了寒暄邮件。第一个当然是给杰夫·贝佐斯的（顺便说一下，贝佐斯公开了个人邮箱地址：jeff@amazon.com）。

其次是给已经辞职的前消费者业务总裁杰夫·威尔克和刚才提到的戴夫·克拉克。

我给贝佐斯发送了"感谢你创建了这个公司"，给另外两个人，我写了些我们过去的共同回忆，并附上了一些感谢的话语。

我是在日本时间下午3点左右发送的那几封邮件，当时西雅图大约是晚上八九点钟。

虽然贝佐斯没有回信，但戴夫·克拉克和杰夫·威尔克不到5分钟就回复了。

这证明了他们快速处理工作的能力，同时也表明了亚马逊对与员工沟通的高度重视。可以说亚马逊是一家对"人"高度敏感的公司。

第 3 章

更好地了解亚马逊的人力资源

5个关键词——亚马逊人的口头禅

本章导语

在亚马逊，开会、面试和日常对话中经常会使用OLP，它已经成为一种共同语，以至于当有人提起时，听者瞬间就能明白他/她的意思。

但实际上，除了14条OLP，亚马逊还有一些类似的共同语言，它们可以说某种意义上已成为亚马逊人的口头禅。其中有些是OLP的前身，有些则是贝佐斯喜欢的，还有些是不知何时自然产生的。

亚马逊以何种价值观开展业务，重视怎样的人才，这些都可以成为理解其人力资源战略背景的线索，我在此将介绍5个具有代表性的关键词。

关键词1　做个怪人

"想法怪异"是一种赞美

OLP其中一条为Think Big。如果实行 Think Big，有时会被认为"这个人有问题"，这是可想而知的。因为这种人经常会说些异想天开的话，会想一些别人想象不到的事情。但不管别人怎么想，以自己相信的方式去做，并做出成果才是最重要的。

有一个词叫peculiar，它不在OLP中，但在亚马逊却异常受重视。peculiar的意思是"古怪"或"不寻常"。在亚马逊，是鼓励员工做"怪人"的。

亚马逊原本就被称为"不正常的公司""奇怪的公司"。2000年前后，亚马逊负债累累也从未停止投资，依然在不断扩张，连华尔街都说"这家公司肯定会破产"，市场根本不理解亚马逊的行为。

但以杰夫·贝佐斯为首的亚马逊管理层坚信自己所做的事情是正确的，他们依然在为了实现心中的Think Big世界而努力。我认为，这正是亚马逊从巨额亏损转为赢利的驱动力之一。

杰夫·贝佐斯也经常说，即使长期来看是正确的，但短时间内，亚马逊人经常被质疑"那个人在干什么？"特别是亚马逊是一家为客户利益做长期规划的公司，所以如果只看当下，就经常会被嘲笑："那家公司是不是傻？"

但是，我们一直觉得这是正确的，而且从结果来看，已经得到了回报。因此，贝佐斯开始认为，让人觉得亚马逊的人有点古怪正好。这是大约2011年或2012年的事了。

刻在总部大楼白熊身上的话语

在亚马逊原总部大楼的入口处，陈列着一具名为"冰熊"的北极熊祖先的骨骼标本。据说它相当大，价值4000美元左右，由贝佐斯自费购买，和"Be peculiar（做个怪人）"的字样一起装饰在总公司的入口处。

即使气候发生变化，这种熊仍然过着和以前一样的生活，吃着同样的食物，停留在同样的地方，它们因此灭绝了。如果它们是古怪的、与众不同的熊，愿意往南迁徙，吃以前没吃过的植物和动物，或许还能存活下来。也就是说，贝佐斯以这种已经灭绝的熊为反面教材，让亚马逊人认为"你真古怪"是生存下来的一种手段。

❦ 插曲：怪人的标志——Pecky

在亚马逊内部网的员工名册Phone Tool中，当员工拥有内部资格或获得奖励时，他们的照片旁边就会显示图标，其中一个图标叫Pecky。

这是peculiar的标志，但这绝不是贬义，亚马逊人被要求成为怪人。

想要得到pecky头像，必须接受简单的网络测试。在"确认你是不是peculiar"的测试中大约有10个问题，只需回答yes（是）或no（不是）即可。全部答对的话就会被认定为"peculiar"，在Phone Tool自己的照片上就会显示pecky图标。

获得pecky并不意味着可以拥有更高的工资，更不意味着它是可以在公司外使用的一种资格或头衔。但是在亚马逊内部，作为peculiar是会被人刮目相看的。

关键词 2　学会自我批评

真诚地接受别人的指责

OLP 的Earn Trust中也提到过，Earn Trust是为了得到别人的信赖，为了做到这一点，Vocally Self Critical是不可缺少的。Vocally Self Critical也是在亚马逊中经常使用的词汇。

比如发生了这样的事情。

有人对你说："你们团队做的事情好像有点问题。"

这个时候不要说：

"不，没有的事。我们做得很好，你为什么这么说？"

而是应该以确认的姿态说：

"是吗？我先调查一下。"

如果确实是自己的团队做错了，可以说：

"对不起，是我们弄错了，我会马上处理的。"

不说"我是对的"，而是思考"别人指出错误，也许真的有问题"，能够批判性地审视自己并纠正自己的错误就是Vocally Self

Critical。

　　Vocally Self Critical虽然没有被采纳为OLP，但被纳入了Earn Trust，它明确表达了亚马逊所需求的人才形象及行为准则。

关键词3 努力工作，享受乐趣，创造历史

在公司内不知不觉传开的话语

这是在新服务上线时，亚马逊内部经常使用的寒暄语，意思是努力工作，但要学会享受其中的乐趣，并创造历史。

也许这句话是用来纪念创业时的冒险精神。早期，亚马逊只是个不起眼的风险公司，可能并没有想到日后会走向全球。但我确信，亚马逊人始终认为自己所从事的是能够为人们做出贡献的工作。

在公司必须拼命工作，但是不要忘记享受乐趣，边享受边工作。最后是创造历史，这句话既没有成为公司内部的标语，也没有加到OLP中，不知道它是自发产生的，还是贝佐斯最初说的。但是我进公司的时候，这句话已经在公司里传开了。

创造历史

我最喜欢的是Make history（创造历史）这部分。

亚马逊公司正在做一件前人没做过的事情。因此，毫无疑问，它正在不断创造历史。

亚马逊（美国）管理层说：Make Impossible Possible，实现大家认为不可能的事情，可以说就是在创造历史。

亚马逊之所以能成为一个万亿日元的公司，也是因为它逐一实现了看似不可能的事情，而它的所有成就都是历史。事实上，从亚马逊还是一个小公司开始，就敏锐地意识到了我们正在创造历史。

最近说起Work hard（努力工作）总给人一种"强迫员工拼命工作"的不好印象。因此，亚马逊在公共场合尽量避免使用这句话，不说"工作与生活平衡"，而说"工作与生活和谐"。

这句话不像OLP一样是被人为定义的，而是自发产生的，所以Work hard这句话没有改变，而是保留了下来。从这个意义上来说，大家似乎对此并没有不适感。

参与创造新事物的人不可能每天都做同样的例行工作，在某一段时间，他们会被要求拼命工作。但是光工作的话会吃不消，所以亚马逊提倡要有玩乐之心。特别是经理和领导们，要鼓舞团队，让员工快乐地工作。最后是创造历史，这句话充满了风险企业的气质，是一个非常好的说法。

如今，亚马逊已经创业超过25年，但这句话仍然被理所当然地在公司里使用，这是非常了不起的。

关键词 4　一切由顾客决定

表彰对降低成本的贡献

"Customers rule（一切由顾客决定）！" 是写在 Door Desk Award（门桌奖）奖杯上的一句话，该奖是为了表彰那些践行 OLP 中的 Customer obsession 和 Frugality 的人。

成本削减得不够多的是拿不到这个奖项的，对于一直致力于勤俭节约的亚马逊来说，如果不进一步降低成本，比如降低数千万日元以上的成本，就很难获得这样的殊荣。

顺便一提，"Customers Rule！" 中的 Rule 不是名词，而是动词，意思是 "支配"，和表示 "规则" 的 Rule 稍微有些不同，也就是 "一切都由顾客决定"。

铭记创始精神

顺便说一下，Door Desk Award 中的 Door Desk 是什么呢？是勤

俭节约的象征。

创立亚马逊的时候，贝佐斯甚至都没有资金买桌子，所以他去了一家叫Home Depot（家得宝）的家居卖场，买来了做门用的便宜木板和一种称为椽子的木材，用金属配件和螺丝把它们组装起来，做成了桌子，这就是Door Desk。获得Door Desk Award的人可以得到一个Door Desk的复制品作为奖杯。

小桌板上刻着"Amazon.com（亚马逊公司）"，还有贝佐斯亲笔签的"Customers Rule！"。

或许，这是贝佐斯最喜欢的一句话。

关键词5　还是第一天，这才刚刚开始

为什么贝佐斯不写书

"Still Day 1"，这是贝佐斯经常说的一句话，意思是"还是第一天，这才刚刚开始"。

亚马逊（日本）上线的时候，亚马逊（日本）的社长提过Still Day 1。日本仓库第一次发货的时候，我听过当时的董事说："这个业绩还只是第一天，从现在开始，我们还有很长的路要走。"所以我也知道这句话。

但我理解其真正的含义，是贝佐斯说出这句话的时候。

2001年秋天，亚马逊（日本）开设了音乐、录像和DVD商店，贝佐斯来到了日本。当时，我们在青山地下的一家小型意大利餐厅里举行了一个晚宴，亚马逊（日本）总部的所有员工都参加了。一位书店编辑问贝佐斯说：

"您这么成功了，为什么不写本自传？"

贝佐斯回答说：

"哪里的话。如果把现在的亚马逊公司比作一天的生活，那么我才刚刚关掉闹钟，在床上坐起来。"

也就是说，他还没刷牙，还没吃早饭，连汽车引擎都没发动。处于这种状况的人怎么能写自传呢？

虽然2001年亚马逊还处于亏损状态，但销售额有5000亿日元左右，并且已经在纳斯达克上市。从1995年创业，仅仅6年就达到这种规模，在一般人看来，写本自传也不足为奇。但是，贝佐斯却说第一天才刚刚开始，这也表明了他目标之远大。

我很想知道对贝佐斯来说，目前是处于一天的哪个阶段。

永远处于完善中的企业

亚马逊基本没有"这样就完成了""这就结束了"的想法。因为顾客永远不会说："我非常满意，可以停止改进了。"所以亚马逊的员工必须不断完善。要记住，这一天才刚刚开始。

亚马逊位于西雅图的总部大楼名叫Day 1 building（第一天大楼）。过去以此名字命名的大楼有好几栋，贝佐斯和管理层办公的地方也经常称为Day 1 building。这也说明他们非常重视这个理念。

为什么亚马逊出现了这么多标语

风险投资时期的遗留物

下面我介绍一句如今在公开场合已经不用，但老员工都知道的亚马逊标语，那就是Roll up Sleeves（挽起袖子）。

这是什么意思呢？就是当有人对你说"做下这个吧"，即使不是自己的工作，也要挽起袖子去做。你回答说："好的，我来做。"

虽然亚马逊现在对岗位说明进行了整理，明确了工作和责任范围，但在刚成立的时候亚马逊还是一家风险企业，时间和人手都不足，并没有详细划分谁该负责哪些工作。

因此，当有人问"谁来做下这个"时，所有人都会欣然接受任务，说："好的，我来做。"

这句标语保留了亚马逊在风险投资时期的氛围。

标语承载着信息

几年前，贝佐斯曾在管理会议上对高管们谈到"企业30年理论"。他说，世界上有许多公司经营30年就倒闭了，亚马逊也可能会成为其中一员。所以不能满足于现在的地位，必须时刻保持危机感，不断创新。

他意识到，随着员工人数的增加，例如当亚马逊的员工人数达到20万、30万时，早期即使大家默认也能共享的价值观已无法维持下去了。因此，这类标语的大量存在可能源自管理层在企业成长过程中产生的危机感。

像这样通过各种方法，不断向员工传递"亚马逊人应该是这样的"的信息还有很多。

插曲：公司内部的各种表彰

在亚马逊最权威，也是最难拿的奖项是Door Desk Award，除此之外还有各种各样的内部表彰制度。要想得到这些奖项需要什么条件呢？下面我简单介绍几个。

Just Do It Award（只管去做奖）

这个奖项颁发给那些迅速果断地接受挑战的人，"如果有困难的顾客就在眼前，你哪有工夫先去分析数据……"也就是说，这是对完成Bias for Action的人颁发的奖项。

Just Do It Award的奖品是一只耐克鞋。鞋长30厘米左右，根本没法穿。因为Just Do It是耐克的广告语，所以奖品就是耐克的鞋子，这种幽默是典型美国企业的风格。

Invention Award（发明奖）

这个奖项颁发给有重大发明的人。如果达到可以申请专利或实用新型的水平，就可以拿到这个奖项，获得此奖项的大部分是平时从事系统或仓库机械开发的技术部门人员。

Team Award（团队奖）

平时没有交集的人组成一个团队，共同改善Customer Experience时，这就可以获得此奖。

有过获奖经历在升职的时候可以加分，作为上司，让下属拿到奖项，以后给他 / 她升职的时候就好说了。因为如果说"这人得过Door Desk Award"，那给他/她升职就理所当然了。

第4章

亚马逊招聘

吸引最佳人才的制度和战略

本章导语

本章将介绍与招聘相关的内容。招聘是亚马逊人才战略的门户，通过了解在何种方针下、按照什么程序招聘人才等具体情况，就能明白亚马逊如此招聘背后的意图和目的。

"像亚马逊这么知名的公司，在招聘方面应该不会有困难吧？"

也许有读者会这么认为，的确，亚马逊是一家非常吸引优秀人才的企业。然而，你会惊奇地发现，即使是这样，整个亚马逊还是在全力以赴地开展招聘活动。

看完本章，你就会明白，OLP中的Hire and Develop the Best并不仅仅只是一句标语。"亚马逊都能做到这种程度，那我们公司呢？"希望大家在阅读时能从这个视角去思考。

亚马逊全公司对招聘的重视

为什么亚马逊经理人使用的是Linkedln

在日本，有个不太主流的网站叫Linkedln，它是一个商业色彩浓厚的社交网站，在美国因常用于求职而闻名。

有一段时间，亚马逊要求"8级以上的员工必须全部注册Linkedln"，因为对亚马逊感兴趣的人可能会通过Linkedln联系他们。

也就是说，在亚马逊，并非只有人力资源部在招聘人才，每个员工都是猎头。可以说，亚马逊内部没有与招聘无关的员工。整个公司都投入了巨大的精力。

即使是亚马逊也缺乏人才

现在，全球范围都存在人员短缺的问题。即使是亚马逊也经常在招聘中挣扎。它得与同为GAFA[①]的谷歌和苹果竞争，还要与新兴创业公司和社会企业家等新型组织展开持续的人才竞争。

对于在不断扩大业务的亚马逊来说，如果不经常补充人员，人手不足就有可能成为公司成长的瓶颈。要维持销售额每年20%的增长，亚马逊不仅需要在技术和经营上努力，还需要在人力资源上努力。当然，这并不意味着招聘谁都可以，只要凑够人数就行。

在亚马逊，必须牢记OLP中的Frugality精神。要严格管理，将人数控制在极限，避免在不必要的人事费用上浪费金钱，在此基础上，仍然需要引进新员工来推动业务发展。

但是就业市场很严峻，优秀人才很难招到。

接下来我将详细介绍亚马逊的招聘情况。但前提是，即使是亚马逊，也很难得到优秀人才，为了获得优秀的人才，亚马逊也会竭尽全力。

为了获得优秀人才，即便为其承担大学学费也心甘情愿

亚马逊（美国）公司为获得人才不惜一切代价。方法之一就是代为支付大学学费，作为回报，这些学生毕业后得为亚马逊工作。

现在美国大学的学费高涨，即使是州立大学，4年学费也需要

---

① GAFA指Google（谷歌）、Amazon（亚马逊）、Facebook（脸书）和Apple（苹果），它们是美国科技界的四大巨头。——编者注

1000万日元左右。本州的居民虽然有优惠政策，但仍需要花费400万—500万日元。著名的私立学校，如所谓的常春藤联盟，每年学费要花费1000万日元，而这些亚马逊会代为缴纳。

这个制度除了解决人才不足还有一个目的，那就是抓住那些跳级进入大学的天才。比如在西雅图就有很多16岁左右的大学生，听说这项制度也是为了确保这些人的聪明才智将来能为亚马逊所用。

亚马逊的基本招聘政策

九成是中途录用

日本的大企业录用的多是没有任何工作经历，也就是还没有被社会"染色"的应届毕业生，通过录用后的培训使他们染上公司的色彩，但亚马逊的想法却有所不同。

亚马逊的招聘基本都是中途录用。虽然也会录用应届毕业生，但亚马逊的员工九成以上是在其他公司积累过一两次工作经验并取得了良好业绩，再以跳槽的形式进入亚马逊的。

亚马逊当然也会招聘应届毕业生。但是，当说到应届毕业生时，不仅是指那些从大学或研究生院毕业开始工作的人，还包括那些获得MBA或其他资格的人，他们也被视为应届毕业生。

在这种情况下，最常见的招聘方式就是让他们在暑假等时间来亚马逊实习，负责项目，毕业后直接录用。

也就是说，在亚马逊应届毕业生分为两种。

一种是和日本企业一样，他们会在4月1日进入公司，进行同样的培训，而后分派到各个部门。

另外一种是有MBA背景的有能力的人，他们会实习3个月左右，然后在有合适的就业时机时被录用。

但是录用应届毕业生只占整体录用的百分之几，大部分还是中途录用。

这就是为什么本章介绍的招聘方法都是以中途录用为前提。

是否录用是由招聘经理决定，而不是人力资源部决定

在一般的日本公司，招聘往往是人力资源部的工作。例如，在招聘应届毕业生时尤其如此，人力资源部门会将新录用的人安排到某个部门，然后问该部门的领导："这个人还可以吗？"如果这个人在工作中表现出色，人力资源部就无异议；但如果这个人表现不行，该部门就会抱怨说："人力资源部给我们派来了一个没用的人。"

另外，在中小型企业中，录用往往是由最高管理层决定的。总之，似乎在许多情况下，部门上司都无法选择自己的下属。

但是在亚马逊，绝对不会出现这种情况，高层不会擅自将录用的人派给他人做下属，只有未来的直属上司才能决定下属的录用。

当然，亚马逊的领导有时也会参与面试，但最后也是由直属上司（担任招聘经理）做出决定的。

即使进亚马逊只有短短几年，即使才20多岁，也必须亲自招募

自己的下属。也就是说，从成为经理的那一刻起，就要做好参与招聘的心理准备。

因此，进入亚马逊后就必须想好录用什么样的人做自己的下属，同时也必须对他们未来的成长负责。

这就是亚马逊追求的。

与学历无关

顺便说一下，亚马逊在招聘时并不太重视学历。

话虽如此，管理层有时也会考虑，如果VP没有MBA或者硕士学位，那就必须有足够的业绩来填补这一空白，否则是不会被录用的。

但是，基本上亚马逊是不问学历的。

我在亚马逊工作期间，老板经常跟我开玩笑，

"像你这种三流大学毕业的人都能当上GM，说明在咱们公司学历并不重要。"

当然，虽说是开玩笑，也确实说明了学历高低没多大关系。

即使高中毕业，也有从客户服务做起，做到高级经理级别的。

我在亚马逊的时候，全球客户服务的首席VP是大学毕业，但他职业生涯的起点是客服中心的接线员，这个职位在公司内部的级别是L1。

但是，因为他是一个特别有管理和领导能力的人，进公司的第

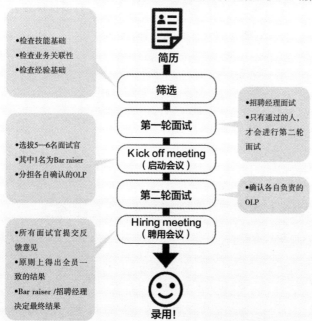

基本都是中途录用，在确认技能基础的同时，进行基于OLP的面试。

- 检查技能基础
- 检查业务关联性
- 检查经验基础

简历

筛选

第一轮面试

- 招聘经理面试
- 只有通过的人，才会进行第二轮面试

Kick off meeting（启动会议）

- 选拔5—6名面试官
- 其中1名为Bar raiser
- 分担各自确认的OLP

第二轮面试

- 确认各自负责的OLP

Hiring meeting（聘用会议）

- 所有面试官提交反馈意见
- 原则上得出全员一致的结果
- Bar raiser /招聘经理决定最终结果

录用！

Bar Raiser（提高录用门槛的人）由高级经理推荐，接受训练后就任。熟悉OLP，在录用方面拥有很大的权限。

面试方法：以OLP为基础进行事实确认。重要的是，要确认应聘人是否能实际运用OLP来解决问题和运营业务。不足的话是否可以训练。

图4-1　录用系统

12—13年就升到了VP。

关于评价，我会在第6章进行说明。亚马逊会根据业绩公平对待每个人，所以有能力的人一定能升到合适的职位。

确保预算、制定岗位说明

招聘经理的任务与责任

下面我将详细介绍亚马逊的招聘流程。

亚马逊招聘的一大特征是，由Hiring Manager（招聘经理）负责招聘。

说到Hiring Manager，听起来像是人力资源部门的招聘负责人。其实不然，它是员工入职后的直属上司在招聘过程中所担任的一项临时性职务，是招聘工作的第一责任人。

Hiring Manager首先要弄清楚自己的团队需要什么样的人才，然后为招聘做预算。

例如，假设你的团队目前有4个人，但是因为要开展新的业务，所以需要第5个人。那么，在做预算的时候，如果不能说明第5个人将做什么工作、提供什么业绩，是不允许招聘的。

因为这样的招聘机制，所以Hiring Manager在招聘前就会明确"只用录用这么多head count（人数）"。在招聘时即使觉得"应聘者都很优秀，想多招一个"，也是绝对不行的，亚马逊不会录用超过预先决定的人数。

制定岗位说明

接下来要做的就是制定Job Description。

Job Description缩写JD，描述了员工的工作范围。把员工进入公司后要做的工作写到岗位说明之后，招聘才会启动。人力资源部门也是一样，在收到岗位说明后，才会开启招聘程序，所以招聘时人力资源部门说的第一句话往往就是"请给我JD"。

因此，招聘经理在将岗位说明写好后，会提交给人力资源部门。然后，人力资源部门的招聘人员会在此基础上开展招聘活动。

如果只是"录用看起来不错的人，进公司后再培训他/她"，会导致人才进步的速度跟不上亚马逊的发展速度。因此，招聘经理需要写份岗位说明，向招聘人员提出"请帮忙找一个具有这样经验和能力的人"。没有岗位说明，招聘人员就不知道要招什么样的人才。

与之相比，在日本企业，招聘的人员和公司不匹配的情况很常见，员工常常在跳槽进入公司后才发现"不应该是这样的"；中途录用进入公司时觉得很不错，却没人告诉你具体要做什么，公司虽然录用你，但没想好让你负责什么工作。"总之，先学习一下吧"，撂下这句话后就放任不管了，最终把你分配到与期望完全不符的部门。你也只能在心里想，"啊，不应该是这样的"，结果最后就辞职了……

亚马逊很少存在这种不匹配的情况，这也是用岗位说明规定工作范围的一大好处。

招聘流程

岗位说明制定完成后，预算就有了保障，接下来就会委托人力资源部门进行招聘。

人力资源部门会对应聘者的申请进行简单的筛选，然后将一些简历（申请表）交给招聘经理。这时，招聘经理会验证应聘者是否具备在本部门工作所必需的技能。但是，招聘经理有时也会录用有潜力的人，"虽然现在完全没有经验，但能做出这样的业绩，应该能胜任这份工作"。

接下来，招聘经理会筛选出通过书面审核的人，让他们进入面试环节。第一轮面试时不错的人，可以进入第二轮面试。在第二轮面试中，除了招聘经理，还会挑选5—6位面试官，这些人会对应聘者进行一对一面试。最后，所有面试官投票决定是否录用，如果全体一致通过，就录用。以上就是亚马逊最简单的招聘流程。

亚马逊的招聘渠道

免费职业介绍所是个有效的渠道

亚马逊有多种招聘渠道，那应该选择哪种呢？

是在亚马逊的网站上进行招聘，还是利用不需要花太多钱的网站招聘？如果是招聘仓库管理等现场工作的员工，也可以利用职业介绍所（hello work），这是一个免费开展招聘的便利渠道。

此外，亚马逊有时还会举办招聘会，在招聘会上解说亚马逊的工作内容。技术性招聘会会招到技术性人才，而一般的招聘会可以得到行政人才。亚马逊也会在招聘博览会上参展。

人力资源部的专业人员会根据职位的不同，选择不同的招聘渠道，但大多时候会尽量选用花费少的方法。

此外，还有一些需要花钱的招聘渠道，如招聘中介。找工作的人会在某一家招聘中介公司注册登记，当亚马逊说"我们想招这种人才"，该中介公司就会从资源库中搜索符合条件的人才介绍给亚马逊，并询问："此人如何？"

这些中介公司既有日资的，也有外资的，每个公司都有自己的优势。人力资源部门的招聘人员会抓住每个公司的特色，往符合需求的公司发送岗位说明，并询问："有这种人才吗？"

巧用猎头

最费钱的招聘方式就是所谓的headhunting（猎头）。

这种方式是委托某个招聘代理，让其寻找合适的人才。此时支付给代理的费用很高，但通常最开始就会给出预算。

如果想招聘工作水平高的人，就不能等着对方来应聘，因为这种人不仅人数少，而且不会在招聘市场上出现。

代理们都有自己的关系网，知道什么地方有什么样的人才，然后会逐一劝说。即使那些人才本身不想换工作，代理也会与他们取得联系，说："有家公司对你很感兴趣，怎么样？（要不要考虑换个工作？）"

其实我在亚马逊的时候，就收到过好几次类似的邮件，因为当初把我介绍到亚马逊的代理认为："这人在亚马逊工作10年了，差不多该换工作了。"所以代理才会来探询。像这样，他们总是在广撒网。

代理通过这种方式搜罗应聘者，并将应聘者的概况（简历和工作履历）提交给招聘经理。

推荐（介绍）制度

对于很难招聘的职位，还可以采用熟人介绍的方法，这就是referral（推荐）。

如果推荐的熟人被录用到高级职位，推荐人还会得到30万日元左右的介绍费。随着录用职位的降低，介绍费也会逐步下降到20万、10万。如果推荐的人没有被录用，就得不到报酬。

这个制度的好处是，推荐人不会介绍奇怪的人来。因为如果事后被人质问"你为什么要介绍那种人来"，那自己在公司的地位也会受到影响，所以推荐人只会介绍值得信赖的人，因为这样的人更容易被成功录用。

在日本，推荐录用的情况没这么明显，但在英国，通过推荐录用的员工达到了60%。

因此，亚马逊对新入职的员工会说："你以前共事的熟人、同事中，有没有对亚马逊感兴趣的？有的话，可以介绍给我们。"

亚马逊对获得优秀人才的渴望可谓无止境。

筛选资料/第一轮面试

筛选招聘人员发来的简历

接下来是招聘经理必须做的事——资料筛选。

招聘时，招聘人员会发来很多简历，要想知道这人怎么样，就需要对简历大致浏览一番。

但简历和工作履历上只写着该人的职业经历，能做什么以及做过什么工作等，完全看不出来他/她是个怎样的人。即便如此，也能看出他/她所具备的技能，如果他/她的技能与公司需求的不同，就会跳过。

例如，如果亚马逊想要招聘IT技术人员，但某个人只有销售经验就不会被录用。虽然此人可能有一定的潜力，但却没有立即"作战"的能力。因为招聘经理就是他/她的上司，对他/她的工作内容了如指掌，所以技能是否符合公司的要求，看一下简历就知道了。

如果有觉得不错的人，招聘经理就会对招聘人员说："我想见见这个人。"招聘人员就会安排面试。

第一轮面试主要检查技能

在第一轮面试中，招聘经理和人力资源部门的招聘人员会与前来应聘的人员交谈。

此时，招聘经理的主要任务是检查应聘人员的技能。

虽然也会稍微问一些与OLP相关的问题，但主要还是看应聘者的工作经历，确认他/她的经验与所要求人才的技能是否相符。

另外，也会询问应聘人员跳槽的理由。

虽然不会直接说明工资多少，但因为必须阐述职位性质，所以会说清下属的人数和会获得多少预算等岗位说明上没有写的细节。

人力资源部的招聘人员会确认应聘者希望的工资和条件等。

第一轮面试结束后，招聘经理和人力资源部门的招聘人员会进行讨论，决定是否继面试该应聘者。

如果招聘经理说可以，那么就可以进入下一阶段。相反，如果招聘经理认为，"不，这个人有点NG（不行）"，那面试就会到此结束。很遗憾，该应聘者不会被录用。

第二轮面试

指定多名面试官，进行多轮面试

一旦决定进行第二轮面试，接下来要做的就是遴选面试官。

面试官只要是亚马逊的员工都可以。因此，招聘经理会选择几位与应聘者将来进入公司后，在工作上有交集的人。

如果招聘的职位级别不高，同部门的一些人有可能被选为面试官，有时也会请求其他部门同事帮忙把关。我做了很长时间的仓库负责人，曾多次被邀请参加总公司的招聘面试。

第二轮面试大约有5—6个面试官，这些面试官将对应聘者进行单独面试，这意味着应聘者将有5—6次一对一的面试。

这对应聘者来说可能相当辛苦，有时从早到晚连会续面试5—6个小时，有时则是每2—3个人面试2—3天，需要花费相当多的时间。

如果日程安排不允许，也会通过电话面试，如今可能会使用网络会议工具。总之，亚马逊的第二轮面试就是与5—6个面试官的单独面试。

面试官的人数也会根据职位的不同而变化。如果招聘的是级别不高的职位，可能有3个面试官；如果职位级别较高，不但需要在日本接受5个面试官的面试，还要接受西雅图总公司2名面试官的面试。

因为这样的体系，招聘经理会与招聘人员协商决定："让这些人担任第二轮面试的面试官吧。"

Kick off meeting（启动会议）

接下来，就是向遴选的面试官人发送"请来开会"的信息。这个会议被称为启动会议，是该职位第二轮面试的启动会议。

这时，招聘经理首先会向他们展示岗位说明，并阐明："我们打算招聘这样的人才，是这个职位，应聘者有这些。"

在启动会议上，最重要的是事先商量好各个面试官问什么。面试时间很短，基本上只有45分钟，所以面试问题必须凝练有深度。

第二轮面试中，要对OLP进行深入挖掘，后面会详细介绍。例如：

"你核查Ownership和Customer Obsession。"

"你核查Hire and Develop the Best和Dive Deep。"

像这样，面试前会分别分配每个面试官要问的OLP项目。特别是，如果那个职位有必需的OLP，就会要求面试官，"特别是这里，请仔细fact check（确认）"。

被邀请的面试官要事先准备好相关问题。

一对一面试很重要

在进行第二轮面试的时候，经历5—6个人的单独面试可能会觉得很辛苦，但这样的一对一面试却非常重要。

为了让尽可能多的人参与评判，面试的时候可能会有5—6名面试官，如果这些人同时参加面试，他们就会彼此顾虑对方的意见，可能导致他们都无法从自己的角度去评判。

因此，亚马逊的第二轮面试需要多名面试官一对一地对应聘者进行面试，这样做确实麻烦，但是却是实行Hire and Develop the Best的最佳方式。

招聘时看的重点不是What而是How

再现性是关键

一般公司在录用有工作经验的人时，首先要确认的是他/她做过什么工作，这是个大前提。也就是说，看的是他/她能做什么，也就是看What（什么）。

但是在亚马逊，假如来面试的人被问及自己的工作经历时说："我做过1000亿日元的生意。"

即便如此回复，也根本无法引起面试官的共鸣。

因为那个应聘者可能只是碰巧被分配到总销售额为1000亿日元的部门，担任负责人而已。

相比之下，亚马逊更关注的是这个人是如何实现的1000亿日元销售额的，也就是How（如何）。所以，亚马逊的招聘经理在面试的时候会问：

"你是怎么实现这么多销售额的？"

"你在其中起了什么作用？"

仔细确认应聘者是否真的具备这种实力，进入亚马逊后是否能够让其再现这种实力。

在OLP的基础上深入挖掘并倾听

OLP是检验应聘者如何发挥作用的标准。

比如OLP中有Hire and Develop the Best这一项，所以就会询问应聘者是怎样录用和培养下属的："为了让下属成长，你采取了哪些措施？"

关于OLP项目之一的Ownership，会询问："这个数字，你是怎么实现的？"

以确认对方是否把工作当作自己的事情来对待。

另外，对于OLP中的另一个项目Customer Obsession，则会询问："当时你是把顾客放在什么位置来开展业务的？"

OLP中有Ownership，这一项说明了过程很重要："不是只执行上面派下来的任务，而是带着Ownership的精神，做出成果。"

因此，应聘者只说"我取得了这项成绩"是得不到认可的。

在亚马逊，大家会认为"这可能多亏了你工作的公司环境，也许你只是碰巧运气好而已"。选择那种环境也许确实很厉害，但更重要的是你在那里学到了什么。你是如何发动团队成员，如何让他们成长，最终实现项目目标的，这些过程都要刨根问底。

OLP中还有一项是Dive Deep，在面试提问时，亚马逊也会Dive

Deep。

丰田公司通过询问"5 Why"就可以接近事情真正的原因。与此相同，如果我们不断重复"为什么"，并深入挖掘，就会引出事情具体的内容："我是这样做的，所以才会有这样的结果。"

但是，这是当项目是由自己真正负责的时候。如果只是碰巧在那个团队，并没有实际负责的话："其实我只是那个团队的成员，并没有直接参与这个项目。"

像这样，回答就会中途停止。通过深入挖掘，就能看出一个人是否真的有实力。

那么，为什么要看是否真的有实力呢？归根结底，还是想知道应聘者的可再现性如何。进入亚马逊，工作环境与上一份工作不同，成员不一样，管理层也不一样，有可能做的事情也和上一份工作不一样。但是亚马逊想选择能够再现同样实力的人，为此，就要以OLP为基础对应聘者进行深度挖掘。

亚马逊的面试秘诀——STAR

确认情境、任务、行动、结果

在亚马逊，经常可以听到："面试时请注意STAR。"STAR是Situation（情境）、Task（任务）、Action（行动）、Result（结果）的首字母缩写。

也就是说，要确认过去在什么样的情境（Situation）下，承担了什么样的任务（Task），采取了什么样的行动（Action），得出了什么样的结果（Result），不确认这四点就没有意义。

例如， 在确认是否能做到OLP中的Hire and Develop the Best时，问：

"在你经历过的招聘中，说说其中最难的一次，当时是怎样一个状况？"

"你在那次招聘中承担了什么样的任务？"

"在那期间，你实际做了什么？"

"最终结果如何？"

对方可能回答：

"因为公司突然要拓展业务，所以不得不大量招聘人才。我是招聘特别工作组的成员，肩负着短时间内高效率地招聘优质人才的任务。作为招聘团队的领导，我与人力资源部门一起决定了时间和应聘者的分配，以便每个招聘团队成员都能够有效地进行面试。"

然后，可以接着问："最终你采取了什么行动？"

"为了尽量不浪费应聘者的时间，我提出了3人一组的面试方法，从而提高了招聘流程的效率。最终，我们如期完成了招聘工作，而且这些员工后期都取得了优异的成果。所以，可以说我们招到了合适的员工。"

这样回答的话就非常完美。

像这样进行深入挖掘，中途可能会出现存在疑问的地方。这时候，就要专注于该部分，继续深入挖掘。

"这是为什么呢？"

"为什么要那样做呢？"

"结果怎么样了？"

通过一番深入挖掘，让应聘者按照STAR来回答问题。

为什么要如此执着地深入挖掘呢？归根结底就是想知道应聘者是否有再现性。

通过了解这些，就可确认应聘者的实力再现性

图4-2 面试中询问的STAR

证实再现性

"我在这家公司创造了100亿日元的销售额。"

虽然这么说，但如果这是一家销售额1万亿日元的公司，即使销售额有100亿日元，也未必是亚马逊要雇用的人。

通过详细询问如何创造出这100亿日元，可能就能了解其中的具体情况：

"其实我们公司有1万亿日元的销售额，通过巡回销售，每周了解一次客户的需求，然后对此做出回应，就能创造出100亿日元的销售额。"

为了了解应聘者在亚马逊这个新环境中是否能做出同样的工作，深度挖掘是绝对必要的。

尤其是最后的Action和Result。

假设对方回答："当时的团队非常优秀，即使我不参与，他们也会努力工作，取得这样的成果。"

是他/她作为经理对成员进行了良好管理？还是成员都在努力工作，而他/她只是茫然地在一旁看着？这两者性质是完全不同的。

"你是如何与团队成员进行沟通的？"如果得到的答复是"没做什么特别的"，那就out（出局）了。

如果回答："我每天早上都会分别和他们每个人进行10分钟的面谈，确认今天的任务和做法。"

招聘经理就会明白，"哦，原来他/她是这样管理的"，这些细节都要刨根问底。

如此一来，就可以确认这个人是否通过主动思考和行动取得了成果，同样的事情在他/她进入亚马逊之后是否能够再现。

亚马逊面试必提的问题

"你经历过怎样的失败？"

亚马逊是一家不否定失败的公司。第一次挑战没人做过的事情，不可能百分之百成功，所以亚马逊不会否定失败。但如果败得太惨，就无法进行下一步，所以如何高明地失败很重要。因为有这种思维，所以招聘经理在面试的时候经常会问："你经历过怎样的失败？"

我曾问过一个成功被录用的人对面试的印象。

"亚马逊面试的时候只问失败的经历。"

他回答道。这是因为在失败的情况下如何行动，更能体现出人的真正水平。成功的时候很难找出真正原因，因为偶尔也会碰到顺风顺水的情况，但失败的时候就能显现出人的本质。

积极看待失败的亚马逊

从应聘者角度来看，可能会担心如果说出"上一份工作我给公司造成了一些损失"，就会被拒绝。但是亚马逊根据失败的质量及内容，有时反而会积极看待这段经历，重要的是从失败中学到了什么。

如前所述，亚马逊的OLP中有一条囊括了Vocally Self Critical，亚马逊认为坦诚失败是一种资质，会帮你获得他人的信任。

所以如果不能正确表明失败，进公司以后，即使有困难也说不出口。

如果考虑到失败后会受到困扰的不是亚马逊而是顾客，就更需要具备坦诚表达的资质了。

决定录用的方法和标准

投票

第二轮面试结束后，各个面试官会立马写下反馈意见。

"我确认了这个OLP和这个OLP，关于这个OLP我问了这样的问题，得到了这样的回答，对此我的判断是这样的。所以我认为应该/不应该录用这个人。"

最后，面试官会从以下四个选项中选择一个，按下投票按钮。

strong hire：强烈建议录用

inclined to hire：录用

not inclined to hire：不太建议录用

strong no hire：建议不录用

当所有人的反馈和投票汇总完毕后，人力资源负责人就会召开决定是否录用的会议（聘用会议）。

召开聘用会议

在聘用会议上，对每个应聘者的反馈和投票会向所有面试官公布，唱票之后，就会确认投票结果。如果所有人都投了strong hire或inclined hire，就当场决定录用该应聘者。

但是，即使被录用了，评论栏里也一定会有"这方面还需要加强""感觉这里是弱点"之类的评论，也就是要先确认好应聘者的能力。

"我觉得这里注意一下比较好。"

"如果不进行这样的指导，最初工作时可能会很辛苦。"

诸如此类的反馈意见，招聘经理都要牢记在心。

如果所有人都是投not inclined to hire或者strong no hire，就不会录用，之后还会讨论不录用的原因。大多数情况下，各个面试官的意见是一致的。

麻烦的是投票出现分歧的时候。一般来说，如果不是全员同意，就不会录用，除非同意者说服反对者改变其意见。

对边缘说不

在亚马逊，如果投票出现分歧，答案介于Yes（是）或No（否）的微妙边界，基本上是不会录用的。在亚马逊，经常有"对边缘（接近No的）说不"的说法。

不过，如果赞成者列出"应该录用此人的理由"，并说服了其他人，那就另当别论了。例如，招聘经理说："如果这就是说No的原因，等他/她入职后我会给予适当指导。"在这种情况下有时会录用。

另外，如果能说服其他人"那是因为状况不同。在不同的情况下还能完成这些，我认为他/她还是挺有优势的"，其他面试官可能会改变主意答应。但这种情况比较罕见，一旦投票出现分歧，几乎就不会录用。

另外，也要看不录用的原因。一开始就不以顾客为中心，或者无法获得他人信赖的人，恐怕是不行的。另外，当应聘者在无法培训的领域有所欠缺时，不录用的概率也很高。可以说，亚马逊的招聘之门无疑是非常狭窄的，这就是为什么虽然亚马逊经常进行人才招聘，但成功录用的却很少。

将收到的应聘资料和最终录用的人数进行对比的话，比率恐怕成功率只有1%—3%，也就是说，每100封应聘邮件，能录用的大概只有1人。

插曲：Pathway（小路）制度

亚马逊有一种特殊的MBA招聘项目，叫作"Pathway（小路/特殊的近道）"，专门面向仓库、供应链等从事物流工作的团队。通过Pathway的人往往一进公司就能达到6级（科长级别），因为他们已经具备了一些管理技能，而且往往会在2年内达到7级（部长级别）。

能够进入Pathway的人都是超级优秀的人，所以不会太多。据我所知，在日本，进入Pathway的人大概只有3—4个。

亚马逊有两位CEO——安迪·贾西和戴夫·克拉克，安迪·贾西一直担任AWS的高层，而戴夫·克拉克实际上就是Pathway项目最初录用的人。因此，从这个意义上来说，Pathway制度是确定社长应聘者的一个好方法。

"抬杠人"制度

亚马逊独有的内部资格

亚马逊在录用某个职位级别以上的人才时，一定会有Bar raiser参加第二轮面试。我在亚马逊那会儿，招聘6级以上的员工时，必须有Bar raiser参与。

Bar raiser是受过专业培训且经验丰富的面试官，通俗来说就是"抬杠人"，即专门给求职者的面试提高标准的人。Bar raiser是亚马逊公司内部的一种资格，是在接受培训后才能获得的头衔。

因为只有具备相应能力的人才能胜任，所以Bar raiser通常是从后面会详细介绍的"9个区块"中的佼佼者里选出来的，是个荣誉职位。我在亚马逊的时候，1000名员工中只有10名左右Bar raiser。

在亚马逊的内部网上，Phone Tool上面会有员工的照片和各种信息，还有表示受到公司表彰的图标。如果其中有跳高的图标，那就是Bar raiser的标志。

因为Bar raiser是一个荣誉职位，所以公司从来没有说过成为

Bar raiser后就有相应的津贴。但是，如果担任了Bar raiser，并且对招聘有贡献，就会得到认可，也会关系到之后的升职加薪。

确定与亚马逊的契合度

Bar raiser在面试时很少看应聘者的技能和能力。相比之下，他们更关注的是与应聘者亚马逊的契合度。他们考察的是：

"这个人来亚马逊后容易取得成功吗？"

"他/她能提高亚马逊的水平吗？"

例如，在录用6级经理时，要看应聘者是不是能进一步提升公司现有6级的高度。

因此，当觉得"这个人进公司后也不会让6级经理的高度提高"时，Bar raiser可能会说No。

不符合亚马逊文化的应聘者，也不予录用。

如果应聘者能发挥主人翁精神，自主行动，重视团队合作，但为了自己个人做出成果，不惜哗众取宠时，这种人也会被说No。

对录用拥有绝对权力

Bar raiser在是否录用方面拥有特殊权限。如果其他面试官都回答yes，只有一个人回答No，那么只要能说服回答No的人，就可以了。但是，当其他人都说yes，而Bar raiser说No，那就不录用。

被Bar raiser否定的人是绝对不会被录用的，这是一条明确的规则。甚至可以说就是为此，才引入的Bar raiser机制。

为什么不优先考虑招聘经理的意见呢？因为招聘经理往往会降低标准录用，当招聘经理急需人才时，就会说："没关系，我来培训他/她，请录用这个人吧。"结果降低标准录用之后，经常不尽如人意。

就是为了避免这种情况的发生，亚马逊建立了Bar raiser机制。

"抬杠人"的历史

我记得在2004年左右，日本启用了Bar raiser。

21世纪初，我在日本担任亚马逊（日本）公司图书采购负责人。同样的职位美国也有一位，那个人有Bar raiser图标，所以从那时起Bar raiser制度就已经存在了。

当时还没有OLP，但有核心价值和核心能力，所以亚马逊是以这两者为标准来检验人才的。

后来OLP确立，Bar raiser就成为OLP的确认人。

但是，日本的Bar raiser是在OLP产生之后才出现的。

当然，成为Bar raiser很光荣，但是面试场次的增加，会让自己的业务工作变得更辛苦。

但是，被选为Bar raiser的都是优秀人才，他们在面试中反馈准确，不同意的时候就会明确说No，而且他们的工作能力都很强。我曾经感叹过，原来这样的人才会被选为Bar raiser。

Bar raiser可能是亚马逊最受尊敬的头衔。

"抬杠人"委员会

想要成为Bar raiser，必须得到Bar raiser委员会的批准。

Bar raiser委员会是由高级管理人员、人力资源部门、招聘人员和其他Bar raiser等组成。

这个委员会的成员会阅读Bar raiser应聘者在过去的招聘面试中留下的所有反馈，从中选出认为有Bar raiser资质的人。

因为职位级别较低的人参与面试的次数本身就很少，反馈意见等资料也就比较少，所以不会被选上。可以说，等级在6级以上的人才有可能成为Bar raiser应聘者。

阅读过去的面试反馈，在大家都倾向于yes的情况下，以明确的理由说No，或者能按照OLP的原则发言，这样的人会被选为Bar raiser，被选中的成员随后就会开始Bar raiser培训。

"抬杠人"的培训方法

开始Bar raiser培训后，已经是Bar raiser的人会作为培训人，对受训者进行3—4个月左右的培训。

主要的培训方式是"shadowing（影子学习法）"，即与培训人一起参与面试，并观摩学习。受训者首先要观察培训人作为Bar raiser提出了怎样的问题，如何引导应聘者说出自己的想法。之后，培训人如何写反馈，作为Bar raiser应该采取什么样的行动，这些都要通过shadowing来学习。

经过一定程度的shadowing之后，受训者也会在面试时提出问题。在培训的最后阶段，主要由受训者提问，培训人则在后面坐镇。

在培训结束时，如果培训人认为受训者通过了培训，则由委员会再次查看培训结果，如果没有问题，则会授予其Bar raiser头衔。但是，Bar raiser没有委任状，只是在内部网的Phone Tool上，在其个人页面上添加上Bar raiser图标而已。

当受训者成为Bar raiser后，上司会向团队所有人宣布这件事。

"他/她通过了Bar raiser培训，出色地成为一名Bar raiser。"

之后大家都会表示祝贺。

如果Bar raiser之后被不断派去参加招聘面试，有时会影响工作进度，对此，其他同事必须给予支持。对此，Bar raiser要对同事打好招呼。

上司也会提前向其他人做好解释：

"成为Bar raiser之后，他/她要参加的面试会变多，请大家支持他/她的工作。"

插曲：亚马逊的招聘工作始终是开放的

亚马逊的哪个部门要招聘什么职位都是公开的，至少对外招聘的职位都是公开的。amazon.recruit.com的招聘页面上可以看到所有公开招聘的职位，简单的岗位说明和工作地点等也都可以看到。这些原本是面向外部的，但内部员工看了也无所谓，也是可以去应聘的。

招聘网站上几乎不会出现高级职位的招聘，因为一旦出现，可能会引起"啊？谁要辞职？"这样的骚动。

除此之外，将亚马逊网站首页滚动到最下方，然后点击左上角的"关于Amazon"→"招聘信息"，就可以看到亚马逊目前正在招聘的职位。

另外，还可以在www.amazon.jobs网页根据工作类型、工作地点等选项选择适合自己的职业种类，很快就能找到适合的职位。这些职位都是对外开放的，不仅公司外部的人，内部普通员工也可以应聘。比如，有因家庭原因想去札幌的人，也可以申请当地的客户服务职位。

因为喜欢某个地方而想去那里工作，或者因为家庭原因想回老家，都不用辞职，这难道不是一大优势吗？

第5章

亚马逊的人才培养

亚马逊人需要具备的技能与思维

本章导语

正如OLP的Hire and Develop the Best中所述，"Hire（录用）"之后是"Develop（培养）"。不是说招到了优秀的人才，团队和公司的业绩就能顺利提升，事情并没有那么简单。

首先，要让这些人才适应亚马逊，从而发挥出他们真正的实力。如果录用后就满足于此，那么难得的人才就会流失。

其次，为了进一步发展亚马逊，必须提高人才水平。如果不设置能让优秀人才更上一层楼的机制，亚马逊就无法成长。

本章将介绍亚马逊培养亚马逊人的方针政策。

亚马逊的基本培养方针

由招聘经理培养

虽然进入亚马逊的人都很优秀，但他们也并非一进公司就能立刻胜任工作，他们必须先了解亚马逊的工作方式。

录用新员工后，接下来就是对其进行Development和评价。关于Development，是由录用新员工的招聘经理，也就是直属上司全权负责。如果新员工缺乏某种技能，就要让他/她学习，训练他/她以亚马逊的方式工作。

基于SL理论的培养

亚马逊培训新员工以SL（Situational Leadership，情境领导）理论为基础，其中"Situational"的意思是"根据情况"。

如果对没有经验的人说"你自己思考，然后行动"，他们可能会无所适从，所以最开始就要对他们进行指导，告诉他们应该这样做或那样做。

进入下一个阶段后，招聘经理虽然也会给予指导，但主要让他们学会自己思考。

招聘经理会像教练一样询问："你是怎么想的？""你想怎么做？"听取对方的想法，然后一点点放手，最后完全放权，让对方按照自己的想法去做。

关于SL理论，后面我会详细介绍。

个性化培养

一般日本公司常见的培训制度是，"每个员工都必须在某个时点完成某些事"，但在亚马逊却不同。

对于招聘的应届毕业生，刚开始为了让每个人都掌握一定的基础知识，亚马逊也会进行新员工培训，但将新员工分配到具体部门后，各部门会根据每个人的成长情况，按照他们各自的节奏进行培训。

虽然一般2年后才能晋升，但很多人在入职1年后就早早地被上司提拔了。所以进入公司3年左右，员工之间就会产生很大的差距。

亚马逊需要根据员工不同的成长阶段，制定不同的指导方法，巧妙地对其进行培训。每个人的能力不同，所以需要根据每个人的实际情况开发他们的能力。

例如，那些被认定将推动公司发展的优秀人才，将进入超快晋升通道，我们称之为"Fast Track（快速通道）"（在亚马逊，Fast Track也是"快件"的意思）。

不能让优秀的人一直停留在原地，也不能催促那些成长缓慢的人。重要的是，不是让人适应培养制度，而是让培养制度适应人。

导师制度和伙伴制度

发生放任不管现象的日企

我总是在批评日本企业，的确有不少人都有过这种经历：刚进某家公司时，"无事可做，没人管"。

人力资源部门的人在第一天时还会关照一番，但第二天开始，就放任不管了。分配到的部门，大家都很忙，也没有专门负责培训的人，结果新员工往往被晾在一边长达3个月左右，什么都没学到，这种情况在中途录用中并不少见。

在日本公司，经常会出现有人喊着："我们加班太多，请招个新员工吧。"可当有新员工加入时，却没人管，把新员工晾在一边的情况。

事实上，在亚马逊也经常发生类似的事情。基于对这种情况的反省，上司（招聘经理）一定会为新员工制订"启动计划"。

"进公司×个月之内，要做到×××。"

"先和××谈谈。"

"先在电脑上处理××。"

上司会把这一套启动计划交给新员工实行。关于启动计划，我在后面会进行说明。

工作的教授方法采取的基本是OJT（On the Job Training，职场内培训）。一旦决定了目标人物，就会让新员工像影子一样跟随他/她，通过观察他/她的工作方式向其学习。

导师制度

亚马逊人才培养的一大特征就是，为了让新员工熟悉公司，上司会指定一位同事做他/她的导师，导师充当的是"关照人"或"顾问（参谋）"的角色。

当然，无论哪家公司，如果有新员工加入，都会向全体员工宣布："这是本次加入我们公司的××先生/女士，大家要和他/她搞好关系。"但是，如果不指定一个人关照新员工，就很难有人主动热心地去照顾新员工。相反，如果照顾新员工成为固定的制度，因为日本人都很认真，所以大家都会做到关照新员工。

被指定为导师的员工大多是其他部门的，级别高一级的人。因为是完全没有关联的部门，所以双方没有太大的利害关系，新员工有人际关系等烦恼时，也可以更容易坦诚地商量。另外，因为导师与自己部门的人有着不同的人际网络，所以也会给出建议，例如"可以这样解决试试""和这个人谈谈怎么样"。

导师原本也是中途进入公司的，也有过各种各样的烦恼，但最后都解决了。所以，光是和导师交流，就会有很大的收获。

亚马逊厉害的地方就是，担任导师的人会得到大家的认可。因为导师对OLP的Hire and Develop the Best做出了贡献，导师的声誉就会提高，因此大家都很乐意担任导师。

之所以会有这样的机制，是因为亚马逊有离职面谈，也就是会询问辞职的人"为什么要辞职"，很多人回应过是因为"对被晾在一边感到不满"。

对于刚入职的人的来说，有不安情绪可以理解，而能伸出援助之手，确是亚马逊细心周到之处。

决定伙伴

新员工进入公司时，上司还会给他/她指定一个buddy（伙伴）。伙伴与导师相似，只不过导师是由职位稍高的人担任，而伙伴则是同一部门、同一级别的人。在某些情况下，伙伴会通过OJT的方式教新员工工作。也就是新员工可以跟着伙伴，做同样水准的工作。

和导师一样，担任伙伴的经历也会被记录在人事评价里，所以即使再忙，大家也不会有怨言。而且因为新员工和自己做的是同样的工作，还可以把部分工作分给他/她，工作也会变轻松。

亚马逊对新员工来说是一个非常理想的工作环境，但这种细致周到也不过是近七八年的事情。在此之前，虽然亚马逊也有培训机制，但效果并不理想。为了进一步提高效率，亚马逊下了很多功夫，最终逐步引入了现在的机制。

将SL理论作为培养员工的基础

美国上市企业的主要理念

SL理论是赫西（P.Hersey）和布兰查德（K.H.Blanchard）在1977年发表的著名理论。

布兰查德的著作《一分钟经理人》（*The One Minute Manager*）的主要内容就是：经理应该为每个人制定个性化目标，并根据每个人各自的类型予以不同的指导，其基础就是SL理论。

几乎所有美国上市企业都采用了这种培训方式，这是一种众所周知的理论，亚马逊的人才培养大多也是基于SL理论进行的。

四个阶段分别采用不同的培养方法

SL理论的基本观点是：下属的成熟度不同，适合的指导风格也不同。请看图5-1，纵轴代表工作导向的强度，横轴代表人的导向的强度。

S1区域，指的是下属成熟度较低，此时适用"教导式领导"，即上司需要发出具体的指令并监督下属的工作细节。

S2区域，指的是下属的成熟度有所提高的情况。此时下属可以提出自己的想法，回答下属疑问的"劝说式领导"方式比较适合。

S3区域，是下属的成熟度进一步提高。这时，可以让下属自己做决定的"参与式领导"比较适合。

S4区域指的是下属变得更加独立。这时已经可以把权限交给他/她了。适用"授权式领导"。

在亚马逊，一旦成为经理，就会接受SL理论培训，培训过程中会把这张图打印出来发给每个人，以供参阅。

虽然具体执行时不一定完全按照这张图表，但如果不了解这些，就不知道该在哪个阶段进行怎样的指导，所以经理必须将其牢记在心。

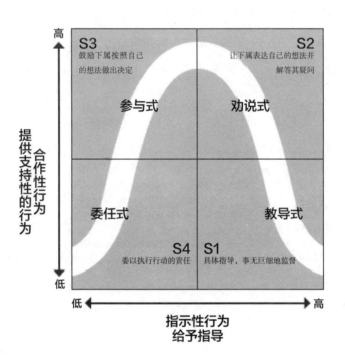

图5-1　领导方式

制订启动计划

3个月试用期的规划

之前也提到过，新员工进入公司后，经理会为其制订Launch plan（启动计划）。launch原指火箭的发射台，在这里就是制订计划，从而让新员工能够顺利"起飞"。

与此同时，还会对新员工进行基本的入职培训，如由人力资源部门介绍亚马逊是个怎样的公司，介绍OLP和亚马逊的历史，有时还会组织员工参观仓库等。

入职培训之后，新员工会被分配到各自的部门，由其部门的上级负责实施启动计划。这意味着在3个月的试用期内，要对新员工制定短期目标，为实现这些目标，就必须对相关人员进行培训和面对面的交流。

展示保龄球的球瓶

启动计划也会向新员工本人展示，并对他/她说：

"接下来我们会按照这个计划对你进行培训。这是3个月试用期的目标，最终我们将评估你是否实现了这个目标。"

像这样，如果设定了目标，就应该毫不隐瞒地向当事人展示。在前面提到的《一分钟经理人》一书中，就有这样一个比喻。

打保龄球的时候，球道对面立着球瓶，通常会在球瓶后面挂着短帘。假如帘子挂在球瓶前面，我们看不到球瓶，只能看见帘子，在帘子的另一边是上司。

当上司高声说"扔！"，我们就把保龄球投过去。球穿过帘子，我们可以听到传来的球瓶倒下的声音，但是不知道倒了多少个球瓶。上司继续说："接着扔！"我们则继续投。等投完10轮（一局）后，我们去找上司，上司却说："你水平太差了。"这就是日本企业的人事管理模式。

一开始都不知道该怎么做，对方说："总之先投吧。"忐忑不安地投完后，结果对方却说："你的成绩真差啊。"想必很多人都有过这种经历吧。

上司不应该这样做，而应该把帘子拉开，让投球的人看到目标，然后说：

"还剩×个，继续努力吧！"如果下属把球投出去，球瓶倒了，上司应该说："干得不错。"如果进展不顺利，上司也可以指导说："你的投球方法不太好，这样改正比较好。"最后扔完10轮，一局结束后，上司会说：

"你取得了这么出色的成绩，下次比赛也要加油！"

如此一来，下属应该更能享受打保龄球的乐趣。

试用期间要看什么

新员工的试用期是按照启动计划度过的，在3个月期满时，有时会发现"这个人面试的时候看起来还不错，但现在觉得完全不行"，这时就有可能解除与这位新员工的合同，也有可能将试用期延长3个月，继续观察。

如果试用期没有问题，就会正式录用，让新员工开始在实际岗位上工作。

比起OLP等思维方式，更重要的是看新员工在这3个月内是否掌握了需要的技能，看他/她是否达到了能够做好工作的状态。例如，如果你被聘为仓库经理，在试用期内你能完成作为经理的工作，经营好现场，管理好数据，那就算暂时合格了。然而，如果在试用期内，你在与OLP相关的某些方面做得不好，就必须有所反馈，这项工作有时会由导师来做。总之，在3个月试用期内，要将新员工作为亚马逊人训练到一定的程度。

亚马逊所传授的技能实例

写作能力

在亚马逊工作的人，最需要的就是写文章的能力。

因为在亚马逊，制作文件的时候禁止用PPT分条列出要点，所有的文件都要以叙述的形式，即文章来表达。想了解详情的读者，请务必阅读拙著《亚马逊了不起的会议》（东洋经济新报社）。

分条列出的形式，只撷取了要点，可能会使人产生误解。因此，亚马逊让员工不要省略字句，把想说的事情全部说出来，以文章形式制作所有文件。

亚马逊是一家美国公司，所以文件要用英文书写。原则上，为了方便西雅图公司的人阅读，最终文件使用的语言应该是英文。

在我的印象中，写作能力因人而异，差别很大。有些人一开始就写得很好，而有些人则根本就写不出来。但无论是谁，只要经常书写，写作能力就一定会提高。最重要的是，让员工写出在实际工作中会用到的文件，并毫不犹豫地在上面涂上红墨水（修改）。我自己写过这样的文章，也让下属写过。

比如，当自己是上司，并且想让某个下属升职时，就要写一封推荐信。在这种情况下，写作方法也很重要，当写下属的强项和弱项时，不要写成"弱项"，而要写"room for improvement（有改善的余地）"，因为消极的写法会给人留下不好的印象。还有一些诀窍，比如可以转换成积极的说法"虽然这里有不足之处，但这部分却很好地完成了"。

因此，进入亚马逊后就要写大量的英语文章。即使入职时不擅长，入职后正确总结想法并将其写成文字，是至关重要的。

逆向工作法

亚马逊是一家致力于提高Customer Experience的公司。因此，亚马逊人会从顾客的需求倒推，思考自己必须做的事情。首先，亚马逊人会确定目标，然后思考为了达成目标应该怎么做，这就是"Working Backwards（逆向工作法）"。

亚马逊人在制作提案型资料时，就会采用这种Working Backwards的思维方式。因此，必须将这些知识教给新员工。但是针对这一点并没有专门的培训，只是会有人负责教授Working Backwards的思维方式，讲解完流程后，要求大家写案例，然后一起阅读、讨论，在这个过程中不断提高技能。

那些被称为经理的人，很有可能被要求用Working Backwards书写文件，所以这一点必须掌握！

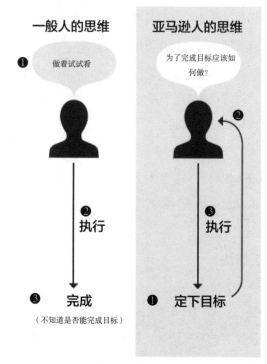

图5-2　逆向工作法

面试技巧

在大多数公司，招聘工作通常由人力资源部门完成，因此不是管理人员的普通员工往往不具备面试技巧。然而，在亚马逊，只要你成为经理，就需要尽快掌握面试技巧。

掌握面试技巧的方法是和面试官一起进入面试现场，这称为

shadowing。被培训的人只是旁观面试过程，并不会提出具体问题，但他们会通过在一旁倾听，学习面试时应该问什么问题和如何对应聘者进行深入挖掘。

学习One on One的做法也类似，一开始都是先通过shadowing了解如何开展。

One on One和面试一般都是在封闭的空间里进行的，这样参观学习才有意义，但如果你是参加招聘面试的人，看到有无关人员在现场，可能会感到惊讶。所以，这一点要事先做好说明：

"这个人是来参观学习的，不会问你问题。"

说到面试技巧，多到可以写一本书。例如："不要直视对方的眼睛，视线要放在对方的喉部上下。"但是，亚马逊在面试时注重的是能否进行深度提问。

正如第4章所述，即使应聘者的简历上写着"我做过这个"，也不能完全相信。在亚马逊，面试官是会刨根问底，进一步确认的。

"这是怎么做的呢？"

"当时你是站在什么立场上做的？"

"那么，遇到了什么问题呢？"

"对于这个问题，你是怎么处理的？"

像这样，不断地进行挖掘。真正做过的人无论被问到什么，都能说出具体细节，而没做过的人一定会在中途某个地方答不上来。

"这个嘛，其实我没做过……"听到这样的回答就会明白，他们写得好像自己是这件事的负责人，实际上只是帮忙的而已。

这种深度挖掘的方法有必要让被培训者学习掌握。

另外，在招聘面试中，基本上都是由应聘者陈述，在听别人面试的时候，有时会觉得："啊，这个人说得太多了。"为了体验这一点，shadowing也是很有效的。

培养超越自己的人才

让他们活跃在下一个舞台上

上司最重要的工作，就是不要让下属一直做同样的事情，要让他们活跃在下一个舞台上。人一直做重复的工作，就不会成长。

为了成长，就必须打破自己的外壳，不断扩大自己的接触范围。为此，就必须挑战新事物，做以前做不到的事情。上司有义务为下属指明方向。

在亚马逊，要想给下属升职，就必须向公司申请。为了让下属顺利地获得晋升，最重要的是给他/她创造一个活跃的舞台，让他/她在上面表演，并让大家看到他/她的出色表演。

我的上司经常这样说：

"他在那个舞台上表演得真好。"

"她在那个舞台上表现得如此出色，那么下一个舞台也没有问题。"

如果能得到大家的认可，升职就会变得容易，上司在培养人才的时候就应该意识到这一点。

因此，亚马逊会不断给新员工机会。一年过去了，还没给新员工一次机会，这种情况是不存在的。

最基本的方法就是给他们项目，促进各种业务的改善，并创造各种机会，让他们踏上下一个舞台。

培养超越自己的人

亚马逊是一家不断发展的公司，因此必须以培养能够取代自己的人为目标。

"这样做可能会被下属取代，所以对他/她的训练还是适可而止吧。"

这种想法在亚马逊是荒谬的。

下属能成长到与自己同等的水平自不必说，即使超越了自己也没有关系，因为最终受益的是客户。

即使下属的水平上升到和自己相当，因为自己已经做了好几年的上司，也做出了一些成果，受到了好评，所以应该还有很多其他的工作要做。

录用比自己优秀的人才，培养比自己优秀的人才，使公司发展壮大，这是亚马逊人必须拥有的基本理念。

亚马逊支持培养社会人才

为什么会出现职业选择制度？

大约四五年前，亚马逊（美国）推出了"职业选择"制度。这是一种就学援助制度，亚马逊会为想上大学的员工提供资金，同时支付部分工资。

一般来说，不会有公司能做到这种程度，亚马逊为什么要这么做呢？

这源于亚马逊的人才培养理念。亚马逊的OLP中有Hire and Develop the Best，但亚马逊的目标不仅是创造自己的Best，还要创造社会的Best。

所以当下属说"我想辞职上大学"的时候，上司不能挽留，不能说："不行，你必须留下。"背后的原因就是，即使那个人离开了亚马逊，也会继续学习，以选择更好的职业。

而且，亚马逊的政策是"学好后随时可以回来"，复职也是可以的。因此，不仅是大学，即使是"想取得MBA学位""想去护士学校"，公司也会说"去吧"，并为之提供资金。

让人们发挥能力，让社会变得更好

听起来，这有点像漂亮话。但事实上，为社会做贡献的行为，在美国会被高度评价，工作单位也会给予支持。

例如，假如微软公司的员工向某个地方捐款，公司也会捐出与之同等的金额（尽管最高数额是固定的）。也就是说，如果员工向某个团体捐赠了100万日元，那么公司会在此基础上再增加100万日元，共计捐赠200万日元。据说亚马逊也开始实行这一制度了。

亚马逊的政策是，如果员工想做一些新事情或为社会做贡献，公司会支持他们。

即使接受亚马逊资助去上学的人没有回到亚马逊，而是选择了其他职业也没关系。只要他们能把在亚马逊学到的思维方式用到工作中，就足够了。例如，在亚马逊学习了客户至上的，之后成为护士的人，在医疗现场肯定会重视病人。

我认为，亚马逊想要创造的就是这样一个每个人都能充分发挥自己能力的世界。

插曲：在亚马逊，老板是护士，下属是医生

　　亚马逊的运营团队每年都会在西雅图召开会议。在会议上，人力资源部经理说过这样一番话。

　　"管理现场的associate（在仓库工作的人），是管理者的工作。如果associate是牛，它周围有像牛虻一样的虫子在飞，那这些牛虻就是管理者。"

　　也就是说，管理者要在associate周围"飞来飞去，嗡嗡作响"，随时输入"注意安全""提高生产效率"等信息。

　　这个比喻出现在2009—2010年，但是从2012年开始，这种观点发生了变化。在说明管理者的职责时，亚马逊不再使用牛和牛虻的比喻，而是使用倒三角形：associate在最上面，管理者在下面。

　　企业结构经常被比喻成金字塔，最上面是高层领导，下面是高级管理者、管理者，再下面是员工。

　　然而，在亚马逊，情况恰恰相反。员工创造了一切，因此，管理者是为他们服务的。

　　在亚马逊，曾有过这样的比喻：

　　"他们是医生，我们是护士。为了让医生能够熟练地完成手术，我们这些作为护士的管理者，如果医生说'手术刀'，我们就要把手术刀递给他们，如果医生额头上冒着汗，我们就

要帮他们擦汗，让医生在舒适的环境做出成果，这就是管理者的工作。"

最终的结论是，为了让员工发挥最大的能力，必须创造出一个能让他们充分发挥能力的环境，而管理者的作用就是创造这种环境。

亚马逊大概是在彻底思考了如何才能让员工发挥出最大的能力后，才得出的这个结论。

第6章

亚马逊的目标设定与评价

确保员工与企业成长的机制

本章导语

亚马逊的销售额仍在以每年20%的速度增长，背后的关键是KPI的制定，它将组织的总体目标细化并落实到每个人。只要明确了该做什么，亚马逊人就能朝着这个方向前进。

当然，对于不断进行新挑战的亚马逊来说，尝试史无前例的事情是家常便饭。即便如此，为了防止意外发生、目标完不成等情况，沟通也是必不可少的。需要通过沟通确保目标达成进度得到了密切监测。

还有一个关于评价的问题：如何才能做出每个人都能接受的评价，激励和鼓励成长，而不是打击员工的积极性？

接下来将详细介绍亚马逊的目标设定和评价制度。

关于人事评价的基本观点

直属上司评价

在亚马逊，入职后会由直属上司进行人事评价。

在日本企业，对个人进行审核评价的可能不是直属上司，而是直属上司的上级——部长。但是一个部长往往带着40—50人的团队。

科学地讲，Span of control（管理幅度），即一个上司能管理的人数，通常最多是15或20人。而一个有40—50个下属的部长，不可能了解每一个人的表现。

我认为最好把评价工作分给下属，让他们各自进行适当的评价。

评价不是单向的，而是360度的

如后文所述，与其他上级相比，要了解上司的评价是否过于严格或者宽松，就需要对其评价偏差进行校准（Calibration）。不过，一般不会有人抱怨直属上司的绝对评价[①]，因为做出评价是上司的工作。

此外，亚马逊的人事评价并不是从上司到下属的单向过程。下属也会对上司进行评价，并一起接受同事的评价，这就是360度评价。

"这个上司虽然说得挺好听，但并没有对我进行One on One指导。这个上司Hire and Develop the Best做得不够。"

下属也有这样的申诉权，上司看到后，就能知道自己存在哪些问题。

---

① 绝对评价是指按照事先规定的评价标准和数值化目标来对某个人进行评价的方法。——编者注

期中与期末两次评价

亚马逊的评价周期

亚马逊每年会在期中和期末进行两次评价。

期中评价大约在9月，期末评价在次年3月。期末评价是年度最终评价，会反映在以后的薪酬中。

虽然期末评价是在次年3月，但实际上评价会议是从2月左右开始的。所以，为了做准备，每个人在1月都要进行自我评价，或让周围的同事以一种peer review（同行评价）的方式对自己进行评价，下属也会反过来评价上司。

评价要在1月底前输入管理系统，从2月起，会多次召开人事会议，审查评价是否合理。这称为OLR（Organization Leadership Review，组织领导审查），虽然这与OLP非常相似，只有一个字母的区别，但却是不同的概念。

何时设定目标

亚马逊的财政年度从1月开始，所以年度目标其实是从1月开始的。但是"你去年一年的工作评价是这样的，今年的工资将是这个数额"的文件是在4月发薪日之前拿到的。

上一年的工作暂时告一段落后，5月会将今年的目标输入公司内部系统，但是实际评价期是1月至12月。

年度目标每个季度都会确定一次。如果对季度数字进行适当跟踪，重复4次"完成"，就能实现目标。

期中评价

期中评价在9月进行。此时距离12月的最终目标还有3个月，所以此时不会评价数字目标，更多的是评价OLP。

本季度采取了哪些行动？之前计划克服弱点的目标是否实现了？公司要求的培训是否已经开展？诸如此类都是期中评价会问的问题。期中评价的主要目的是检查员工的方案是否在正常运作。

期中评价的另一个目标是确认晋升与否。

在亚马逊，有个词叫off-cycle（非周期性），即员工可以在一年中的任何时候晋升，但基本上是每年的9月和4月。

因此，想让自己的下属晋升的经理，就会写一封推荐信："这个人取得了出色的成绩。因此，我认为此人有足够的实力晋升到下一级。"大家会一起阅读这封信，确认他/她是否合格，合格的话，就可以升职，所以这段时间的员工晋升情况也会持续不断。

一般来说，大的晋升会在4月进行。因为可以根据一年的工作成果进行评价，数字目标是否实现了？是否可以升职？这样更有说服力。所以，在4月晋升的人占大多数。

期末评价

4月的期末评价是年度最终评价，所以1月至3月这3个月是上司评价下属的时间。

首先，下属要做自我阐述："我今年的销售额目标是××万日元，已经完成了××万日元。"这些必须写在自我评价中，因为上司不会特意去查。

关于KPI数字，要分别写下"完成/未完成""实现/未实现"的部分。有关OLP的也要写上，如："这是我在本期的OLP目标。针对这个目标，我采取了这样的行动，从而取得了这样的成果。所以，在OLP方面，我表现得不错。"

总之，必须展示自己，上司看到后才会做出判断。

上司会对下属的自评提出Objection（异议），然后通过讨论，最终决定每个员工的评价。一旦做出最终评价，就会反映在下一期的工资金额、作为奖励的股票数量等方面。因为会从4月末开始施行，所以会在4月之内通知本人。

　　届时，上司也会给予下属反馈。例如："你在这方面很厉害，但这方面还有改进的余地，下一期在这方面继续努力吧。"

　　从目标设定到最终人事评价的流程大致如上。

自己设定KPI

如果由上司制定目标，下属就无法成长

在亚马逊，并不是上司给下属设定好所有目标，然后说"你们去做这个"，而是自己制定自己的管理目标。

例如，假设自己团队的目标是销售额达到1000万日元，团队共有4名成员。那么，就可以简化为每人的目标为250万日元。接下来需要下属自己决定的是，为了达成这250万日元的目标，应该采用什么样的KPI进行管理。

以销售为例，为了完成目标，一天要拜访几次客户？如果是持续客户的话，能提高多少销售额？顾客流失率有多少？能提高到什么程度？顾客的购买率是多少？诸如此类，这些都是KPI。

如果你是一个主要专注于新业务开发的人，那么就要知道通过电话进行预约和完成交易的比率是多少。如果目前的比率是20%，即5次中只有1次是成功的，那么如果能将这个比率提高到30%，销售额就会大幅提高。以这种方式设定KPI，并且定量评价的项目数

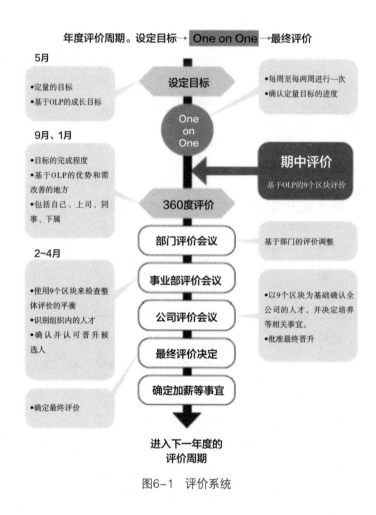

图6-1 评价系统

量通常为5个或6个，10个就太多了，难以管理。

如果由上司先决定这些目标，比如上司说："今年你的目标是30%"或者"你要争取达到45%"，那么下属就不会考虑这些问题。重要的是要有Ownership，自发地思考需要采取什么行动才能实现250万日元的销售额。

制定C.O.D. KPI的小插曲

我这样说，你可能认为这是"在做一件非常困难的事情"。

刚开始的时候，我根本不会制定KPI，充其量就是看看公司给定的KPI能否实现。但是，一旦开始做项目，就必须自己制定标准，衡量项目是否成功。

我曾经参与过一个名为C.O.D.（Cash on Delivery，货到付款）的项目，这个项目的具体目标是要客户在亚马逊购物时，无须使用信用卡支付，可以选择货到付款。当时，为了创建一个可以衡量成功的标准，我对这个项目的结果进行了思考。

可以预想到的结果就是销售额会增加，这很明显。因为最初的目标就是通过引入C.O.D.来增加销售额，我预计那些以前说过不想使用信用卡的顾客在这次之后，也会来亚马逊购物。

同时，我也考虑了其他指标。也就是说，通过允许货到付款，过去使用信用卡的人会有一部分转而使用货到付款的方式，这会导致通过信用卡购物的顾客数量下降一定的百分比。这就是所谓的

cannibalization（同类相残），如果不发生这种情况才奇怪。

假如真的没有发生这种情况，可能是顾客对货到付款的认知度低。如果是这样，就应该打出更多的横幅，让人们知道"可以货到付款了"，局面就会逐渐逆转，达到预想的情况。

像这样，在看了KPI之后，就会发现自己的对策正确与否立刻就会反映在数据上，工作就变得非常有趣。

我已经提过，在亚马逊，任何员工都可以访问数据库，我认为这也是让员工自己设定目标的一个重要机制。

KPI: Key Performance Indicator
（主要业绩评价指标）
评价企业目标达成度的指标

· 必须设定目标
→用数字表示哪种状态是"成功"

· 所有的业绩都应该通过指标来管理
→设定KPI，定期观察，发现异常值立即处理

· 思考顾客满意度由什么来体现并决定KPI
→即使不询问顾客，也能测定顾客满意度

图6-2　从顾客视角看KPI的重要性

亚马逊式设定目标的诀窍

思考SMART

在设定目标时，我们应该考虑SMART。

S：Specific，就是要明确、具体。

M：Measurable，意思是可测量的或可量化的。

A：Achievable，意思是可以实现，完全不可能达成的目标不能成为评价的标准。当然，目标需要伸手够才能达到，有一定难度很重要，但前提条件是只要努力就能完成。

R：Relevant，指目标是否符合这个人的工作。比如让工程师制定销售目标是没有意义的。

T：Time Sensitive，也就是说，必须设定期限。期限不同，目标的难易度就完全不同，所以一定要设定期限。

在设定目标时，要注意SMART的这5点。

确定目标：设定SMART目标
回顾目标：通过One on One定期确认进度

SMART目标

图6-3 设定目标

不可与去年的目标相同

目标任务每年都在拓展，所以做与去年相同的事情将无法实现目标。

例如，我曾经在的运营单位要求每年都要降低成本。但是我们已经在需要改进的地方不断进行了改进，如果不采取下一步行动，就无法达到更好的改进效果。

因此，需要在前一年就开始思考和准备下一年的工作。

"明年该做什么来降低成本？"

"目前的问题在哪里？"

"在这方面进行怎样的投资，能降低多少成本？"

像这样，每个员工都要肩负起自己的责任，制定自己的KPI，这一点非常重要。

在亚马逊，并不是"经营数字只要管理者知道就可以了"，连一线员工都必须充分了解亚马逊的经营状况。

每个人都需要了解自己正在追求的数字，以及为了达成目标而要实现的数字。

以周为单位检查指标

将全年预算划分为52周

亚马逊要求"以周为单位进行思考"。

在亚马逊，每周都会检查一次各种经营KPI，以确认是否能达成最终额度目标值。

具体来说，当开始制定全年预算时，就会把一年划分为52周。也就是说，对于每一个目标，都要设定每周的细分目标。

每周检查一次，与目标进行对比，看是超出了还是不足。超出是可以的；如果不足，就需要One on One讨论采取什么行动进行纠正。

即使只有某一周没有实现目标，也会立即进行修正，以便迅速回到正轨。因此，最终大部分时候都会实现目标。这就是亚马逊的指标机制。

亚马逊反击迅速

在日本企业，一般一个月后才会开始查看目标数字。

"为什么上个月完成得这么差？"

"其实是因为……"（理由有很多）

"然后呢？接下来怎么办？"

"现在正在采取对策。"

日本企业一般会像这样以月为单位进行对比查看。

但到那时，差距已经扩大到难以弥补的程度了，最终也很难达成目标。这是很常见的模式。

在亚马逊，当数字目标没有实现时，下属的任务就是思考如何进行纠正，让目标实现。在One on One的时候会进行说明，或者，与上司商量：

"我们已经采取了这些措施，但都没有解决，我不知道该如何做了。"

于是，上司就会提出建议：

"嗯，试试这样分析。"

"试试让这样的人才加入进来。"

执行后，如果下周的数据有所改善就没问题。如果数据还是没有改善，就要采取下一个策略。如果不这样做，就会渐渐背离最终目标。

在亚马逊，所有部门、所有人的目标都与公司整体目标相关联，如果局部无法达成，整体也就无法达成。正因如此，在亚马逊要确保个人目标实现。

我认为，正是这种机制让亚马逊实现了惊人的增长。

💗 插曲：我的失败经历（评价偏差）

本书介绍了亚马逊优秀的人力资源机制，但其实亚马逊并不是一开始就是这样。

我在2000年加入亚马逊时，亚马逊的人事评价体系还不完善。我们这些管理人员也都比较松懈，下属们对自己的目标也不甚了解。那时，亚马逊还没有像今天这样将公司的总体目标分解、落实到每个人身上。因此，我也有过失败的经历。

当时，我的下属中有一位非常优秀的女性。我很信任她，在所有事情上都依赖她。

但那时还没有每周一次的One on One制度，她是那种什么都不用说就能出色完成工作的人。我非常忙，所以几乎完全放手，让她自己去做。

到了年末，人事评价结束后，到了该通知她的时候。我当然对她的工作给予了最高的评价。结果她说：

"啊？为什么？"

"为什么……因为你取得了这么多的成绩，哪个都做得很好。"

"可是，佐藤先生，您从来没跟我说过这些。"

"我没说正是因为你做得不错。"

"可是我还以为自己要被解雇了。"

她的自我评价和我对她的评价之间有着天壤之别。

为什么会发生这种情况？

因为没有沟通。

我既没有主动跟她交谈，也没有告诉她我对她的评价，给她的工作目标也很模糊。结果，她给自己设定了很高的目标，并自我评价说："我实现不了这些目标，我太差了。"

很庆幸，她坚持不懈地努力工作到了年底。要不然，差点就出现了人才外流的情况。当意识到这一点时，我感到非常后怕。

期中评价注重定性，
最终评价定量与定性并重

在两个维度上进行评价

在亚马逊，招聘的时候要以OLP为标准来录用，但进公司后的评价就不能只看OLP了，因为需要拿出成果。例如，如果被要求"成本削减5%"，那对员工进行评价时就要看他/她是否做到了这一点。

这种评价标准在亚马逊被称为metrics（指标），与KPI相同，会根据是否完成对人进行定量评价。

另一方面，是否按照亚马逊的基本理念OLP行动，也将继续作为评价的标准。这是一种定性的评价，因为它不是数字，而是对人的行为和态度的评价。

也就是说，亚马逊会通过定量和定性两个维度对员工进行评价。

我离开亚马逊已经6年了，因为亚马逊一直在进化，所以我不知道亚马逊是否还在使用这种评价方法。而且，将来亚马逊的评价的方法也可能会改变。

不过，至少我在的时候，评价是非常公平的。如果一般的公司也能使用这种方法，肯定能实现公正且有建设性的人事评价和培养。

期中评价以定性为主

因为全年的数字还没有最终确定，所以9月的期中评价主要侧重于定性评价。

定性目标是根据OLP来设定的，但毕竟OLP有14项之多，没有人能够全部完美地执行。即使是被称为榜样的人，也肯定会有一两条做得不尽如人意。期中评价时，必须把没有做到的地方体现出来，它们会成为未来的目标。

例如，在验证或解决问题时，由于Dive Deep太浅，导致无法找到真正的原因，无法解决问题。如果是因为这个原因无法达成数字目标的话，那就必须进一步Dive Deep了。接下来的目标就是"本期的应对要更进一步"。

最终评价同时注重定量和定性

因为在期初就已经为这一时期可能实现的目标设定了数字KPI，所以要根据完成与否进行评价。

例如，假如设定了一个目标，要从某类产品中获得一定比例的利润。接下来要进行分解。将总的利润目标分解出来电器产品的利润，再进一步细分解出电脑的利润等。那么电脑产品的负责人就需要对采购价格进行谈判，如果获得了目标利润，就算达成了目标。如果同一个团队中有3个人都达成了目标，而因为他们的目标是关联的，所以整个团队的利润目标也就实现了。团队的目标达成了，整个部门的目标也就达成了，最终就实现了整个公司的目标。

因此，只要能顺利实现自己设定的目标，即使不看公司的整体目标，也不会有什么问题。

即使公司整体没有实现目标，只要个人的目标实现了，公司也不会给他/她很低的评价。相反，公司会给予最大的认可。

亚马逊的业绩一直很好，不会发生这种情况，也不会出现"这一期你的业绩很好，但公司没赚多少钱，所以不好意思，不能加薪"这样的情况。这就是定量评价。

通过360度评价，确保公平性

获得同行评价

在亚马逊，不是上司单方面评价完就结束了，而是要把自我评价、上司评价以及同事评价加在一起，实施360度评价，以确保评价公平、恰当。

同事的评价称为peer review或peer feedback（同行反馈）。peer是同事、伙伴的意思，受评价的人可以选择评价自己的人。

"我本期和他们合作较多，希望他们能对我进行评价。"

员工可以将名单提交给上司，人数大概在3—5人。

上司看了名单，就会提出委托。收到委托的人必须回答是否接受，因为有的人可能会收到二三十封委托信，这样的话负担会很大。所以，对接收委托的人来说，基本规则是，最多接受5个。

像这样从最少3人、平均5人那里得到反馈，在某种程度上就能收集到多角度的评价。这个时候谁做了什么样的评价，被评价者本人是无法看到的。

同事检查OLP

一起工作的同事评价的是关于OLP的部分。

同事会输入这个人哪项OLP最强，哪项最弱，而不是把14个项目全部检查一遍。同事还会在去年指出的薄弱项目中，重点检查"没有做到的话会很麻烦"的项目。

对于判断为薄弱的项目，还要附上理由。

"在这个项目中，我和他一起工作过，我觉得他当时的行为Dive Deep还不够。因此，让周围的人感到困惑，很难获得大家的信任。"

如果多人给出了这样的评价，那么此人的弱点就会显露出来，最终这项弱点会反馈给本人。

为何人事评价如此困难

人事评价的难点在于，数字可以得到比较公平的评价，但定性评价却存在模糊性。

如果和上司不合，可能会陷入无休止的争论。

"你这里不是没做好吗？"

"不，我做好了。"

因此，评价时还要听取周围人的证言，最终做出均衡的评价。

此外，上司不能接触下属同事输入的资料，上司的上级和人力资源部门可以在以后的OLR中查看。

因此，假设上司评价说"这个人这项OLP不行"，但周围的人都对他/她信赖有加，予以肯定。这样一来，上司就会被要求："请解释一下，为什么你评价他/她不行。"

亚马逊的员工评价不是由上司在密室中仅凭自己的想法就做出决定的，所以透明度非常高。

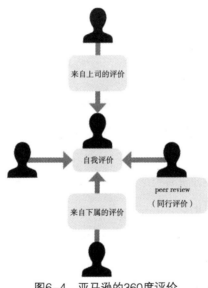

图6-4　亚马逊的360度评价

全球范围内调整评价的OLR

纠正上司的评价偏差

到此为止，我认为评价已经相当公正了。但是在亚马逊，上司的上级还会进一步讨论："这个评价真的准确吗？"这个过程称为OLR。

有的上司在评价时很严格，有的则很宽松，所以需要比他们高一级的人进行纠正。

例如，某位上司评价说："我们团队非常出色，所有人都是榜样。"相反，同一等级的另一个团队则评价说："全员都不行。"做类似工作的团队之间不可能有如此大的差距，因此，在这种情况下，就需要上级重新审视。

在全球范围内校准评价

最终，评价的修正工作会在全球范围的亚马逊中开展。

亚马逊有从1级到12级的工作等级，亚马逊会进行分级评价。当然，因为有多位上司，所以上司对下属的评价多少有些偏差，总之，有松有严。

为了修正这个问题，就需要对每个工作等级的人的评价进行校准，以确认他们是否真的得到了正确的评价。

比如我曾经在仓库工作过，那么我首先就要在自己团队内部进行审查评价，然后在整个仓库进行审查评价，接着在亚马逊（日本）的所有仓库范围内进行审查评价，最后在亚马逊（日本）的范围内进行审查评价，然后把结果发给西雅图总部。

西雅图总部收到评价之后，会把全世界同级别的经理召集起来，看看亚马逊在全世界的评价标准是否一致。也就是说，要确认美国的总经理和日本的总经理评价是否一致。

曾经发生过这样一件事。我在日本担任高级经理时，曾兼任多个仓库的负责人。如果按照出货量来换算，我的工作在美国相当于总经理的工作量。

于是，"马上把这些人提升为总经理"，我和所有与我做同样工作的人都惊喜地被提升为总经理。

也就是说，亚马逊会给予员工与职位相符的评价。

不给下属适当的升职、晋升，评价就会降低

由于工作内容和评价在全世界都是统一的，所以美国和日本的

总经理工资基本上没有差别。当然，要考虑到各国生活成本的差异，这就需要进行综合调查，在整体了解该行业的工资情况后，会由人力资源部门制定标准工资。

许多公司意识到给员工的工资太低时，会佯装不知，但亚马逊却非常公正。

例如，对非常优秀的人，虽然每年都会加薪，但如果加薪的速度太快，有时会达到工作级别的上限金额，这样的话，亚马逊就必须让这个人升职了。如果一个人在本阶段已经取得了足够的成果，那就必须让他/她踏上下一个舞台了。

但是，如果你很优秀，上司却没有给你写推荐信，你可能会想："唉，这是怎么回事？"这就是上司没有做到Hire and Develop the Best。

上司的工作就是让自己的团队不断成长，并获得更高的评价。亚马逊有一个"离职面谈"，会向辞职的人询问辞职理由，如果很多下属是因为消极原因辞职的，那该上司的评价也会降低。

亚马逊的理念就是，上司必须让下属不断成长，不断升职加薪。

制订接班人培养计划

亚马逊在进行OLR的时候，一定会制订Succession Planning（接班人培养计划）。

这是关于上司的职位由谁接班的计划。

例如，决定"拥有第一继承权的是这个人，拥有第二继承权的是那个人"，并对这些人进行必要的培训。

有时，不仅要培训，还要将他们晋升到必要的职位。

例如，我的职位是仓库管理，接手这个职位的人，必须能够管理仓库。因此，在接班人培养计划中，负责仓库运营的人将是我的下一任人选。

也就是说，为了培养下一个接班人，需要让他/她成为仓库负责人。这不是为了出人头地的竞争，而是为了让组织更好地运营下去，为了规避风险。说得极端一点，负责人可能明天就去世不在了。

因此，接班人必须具备上司发生意外，自己接班时所必需的技能和能力。

为此，培养必要的经验和能力就是Succession Planning的目的。

在9个区块建立评价体系

告知员工处于哪个区块

在确定了定量和定性评价之后，员工就能知道自己在公司整体处于什么水平。这就是9 Block（9个区块）。

定量评价分为以下4个水平：

Outstanding（取得了令人难以置信的数据成绩）

Exceed（取得了超过正常水平的成绩）

Achieved（达成）

Not Achieved（未达成）

本来最上面是Exceed，但是因为每年都有一两个人会取得令人难以置信的业绩，为了评价这些人，亚马逊设立了Outstanding。

需要注意倒数第二位的Achieved，一说到Achieved，总感觉并没有被夸奖。

但是在亚马逊，大家设定的都是不伸长胳膊就无法达到的目标。因此，仅仅是做到Achieved，实际上就已经是很高的评价了。

得到Exceed评价的也是前5%—10%的人。所以，即使是Achieved，也完全没有必要想："我才是Achieved，而不是Exceed啊。"

定性评价分为3个水平：

Role Model（大家的榜样）

Solid Strength（足够厉害）

Development Needed（需要培养）

9 Block原本是通用电器公司制定的人事评价方法，从表现和潜力两个维度对每个人进行评价，并将评价结果分成9个区块。

亚马逊将这些与4×3的评价组合起来，分为9类，即现在的9 Block，由人力资源部门制定。上司要做的只是输入下属的表现和潜力处于哪个水平，之后就会自动形成9个区块。看看9 Block，就知道谁处于什么区块。

上司唯一要告知下属的就是他/她属于哪个区块。

各区块的意义

9 Block左上角的人被称为"高层（Top Tier）"，这些人将来可能成为高级管理人员。亚马逊从不吝惜对这些人的投资。

进入"最佳"的人，在下一期必须升到更高的工作级别。所以就有了"这些人怎么做才能在下一期晋升"的话题。

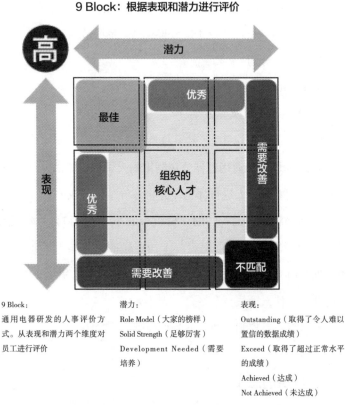

9 Block：根据表现和潜力进行评价

9 Block：
通用电器研发的人事评价方
式。从表现和潜力两个维度对
员工进行评价

潜力：
Role Model（大家的榜样）
Solid Strength（足够厉害）
Development Needed（需要
培养）

表现：
Outstanding（取得了令人难以
置信的数据成绩）
Exceed（取得了超过正常水平
的成绩）
Achieved（达成）
Not Achieved（未达成）

确认员工在9 Block中属于哪个区块，然后决定进行怎样的训练

图6-5 评价体系

不过，如果有人很优秀，即使他/她在某个级别还不到一年，
上司也会说：

"录用的时候搞错了。"

也就是说，"应该在更高的级别录用他/她"。

在这种情况下，上级可能会说："赶紧把他/她升上去。"有时此人可能会当场就得到晋升。因为不这样做的话，这样的人就要挣着不合理的低工资，哪怕只有一年时间。

另外，Solid Strength × Achieved的人占了最大的比重。他们确实出了很多成果，在一定程度上也体现了OLP，大多数人都属于这一类。所以如果按照9 Block来分类，中间的部分会是最大的区域。

话虽如此，作为企业来讲，如果中间这块没人就会很困扰，因为这里是组织的"量区"。

右下角属于与公司不匹配的员工，在日本是不能轻易解雇的。但在美国，某些情况下可以解雇或终止合同。

实际上有说法说，亚马逊可能已经不再使用9 Block了。

然而，至少我在亚马逊工作的这10年时间里，亚马逊一直在使用9 Block，我印象中它运作得非常好。特别是我所在的运营部门人数众多，而且很多人都做着同样的工作，所以很容易对他们在同一维度上进行评价，我认为这是了解组织状态的一个好方法。

评价的传达方法和时机

通过9 Block对员工做出评价后，就要将结果传达给员工本人。

但是，如果只是传达："你是Solid Strength × Exceed"，或者"你是Solid Strength × Achieved"，恐怕当事人很难接受。特别是被评价为"Development Needed"的时候更是如此。

如果是数字目标，还比较容易理解，这个评价结果是因为"你没有完成数字，这也是没办法的事"。但如果是OLP做得不够好时，不向员工说明评价结果的原因，对方就会想："为什么我的评价这么低？"

适当的沟通和传达也是上司的职责。上司阐明理由，并鼓励员工："明年要把这里做得更好一些，至少要努力做到Solid Strength才行呀。"

处于哪个区块，决定了包括工资和股份分配在内的所有激励因素，所以要在4月发放该年度第一笔工资之前向员工传达。

如果在知道评价结果之前拿到工资，员工可能会想："咦？我的工资没涨啊。"员工会意识到公司对自己的评价很低，从而在工作上变得消极。所以，在此之前，必须先传达评价结果并说明理由。

第7章

亚马逊的领导者培训

培养最强企业高管的方法

本章导语

　　本章将介绍亚马逊是如何培养高管应聘者的。

　　亚马逊要求所有的员工都必须具备领导能力。当然，亚马逊也需要真正能担任领导者角色的人，他们可以将亚马逊人凝聚在一起，引导公司朝着正确的方向发展。

　　而且，高管未必都是自发产生的，主动发掘优秀的人才是非常必要的，还要对他们进行适当的提拔、培训和不断的训练。当然，要想成为高管，在现场取得一定的业绩是首要条件，但并不是仅凭这一点就能胜任亚马逊的高管职位。

　　亚马逊是如何培训未来的高管的？以下，我将根据自己的经验进行介绍。

亚马逊的"领导者"是什么

经理和领导者的区别

截至2021年6月，包括仓库员工，全世界的亚马逊员工已经超过了130万人。其中被称为经理的人恐怕多达数十万。但是，这些经理和领导是不同的。

所谓经理，说到底就是向团队发出"向右转"号令，让团队听从指令的人。而领导者则是对大家说："我们打算往左走，大家也往左走吧？"带领大家往左走的人。

也就是说，领导是提出"我们想去那边"这样远大愿景的人。

举个常见的例子，所谓领导，就是决定在众多山峰中爬哪座山的人。

"我想爬那座山，大家也一起爬吧。"

而经理则是那个带领大家到达山顶的人。

"沿着这条路就能到达山顶，大家排成一列往上爬。"

但是，亚马逊的方针是，领导者不只是那部分被选拔出来的人，所有人都必须具备领导者的思维。

因此，无论级别高低，亚马逊人都能理解领导理念，并据此采取相应的行动。

从9 Block的左上角选拔

虽然亚马逊要求所有员工都必须具备领导能力，但现实是，处理问题时必须要有真正的执行领导人，也就是高管人才，并且要对高管人才进行认真选拔和培养。

亚马逊是如何选拔领导的？根据前面提到的9 Block。

位于9 Block左上方的表现最佳的人，会被认为是亚马逊的下一代接班人。如果能让他们快速成长，公司也会迅速发展。

因此，亚马逊采取了毫不吝惜投资培养他们的方针。亚马逊认为，对他们进行投资，一定会获得数倍的回报。

那么，如何进行人才培养投资呢？接下来我将详细介绍。

什么是 "领导者的领导" 培训

亚马逊的领导者培训

培养领导者的具体方法是让他们接受叫作 "Leader of Leaders（领导者的领导）" 的培训。

接受这个培训的，顾名思义，是能够成为领导领导者的人。比如大事业部的负责人、营业单位的领导等。就亚马逊的工作级别而言，被称为高级经理和董事的7级、8级的人才，会被选中参加Leader of Leaders培训。

我记得Leader of Leaders是在2009年或2010年首次举行的。第一批接受培训的人必须是最优秀的，因为只有这样才能看到培训的效果，所以首次举行时亚马逊只邀请了世界各地最优秀的人才。当时我的老板也参加了，他告诉我："这是个很有意思的培训。"两年后我也参加了，我记得那时是2011年。

第一周和第二周，两个主题

领导者培训总计两周。

每次培训一周，第一次培训后间隔一个月左右会进行第二次培训。

第一周以"什么是领导"为主题，学习从经理到领导需要什么能力。

第二周的主题是"领导者的领导是什么"，主题是如何从单纯的领导者变为能够领导领导者的人。

当时，我参加的时候，来自全世界的工作水平相同的领导者们都聚集在西雅图，我们在山里进行了为期一周的研修。包括机票、住宿费、给外部讲师的酬劳等在内，每人的费用大概在400万—500万日元。

另外值得一提的是，领导者培训还配备了专业的职业教练。可以给予参与人12次指导，每次1小时。

领导者培训在当时属于最高级别的培训。培训成功举办后，2014年左右，亚马逊又针对更高级别的副总经理进行了领导力培训。我的老板也被选去参加了，据说他和杰夫·贝佐斯进行了One on One。

和社长进行一对一谈话，这在日本公司是无法想象的。所以，从这个意义上来说，亚马逊的最高领导层与管理层之间的距离确实很近。

这些培训并不是所有人都能参加的，评价高的人会优先获得机会。

在Leader of Leaders学的是什么呢？我来谈谈我的经历。

培训第一周——角色扮演

"大家都是灯泡公司的职员"

接下来，我将以实录的形式讲述我的亲身经历。

Leader of Leaders的第一周从"什么是领导"的课堂讲座以及相应的照片开展。

首先，讲师给了我们大约30张照片，说："请从中选出一张最能表达你心情的卡片，并说明理由。"

之后，讲师要求我们从更深层次的角度审视自己。结束后，会再选择一张，并表达发生的变化。

到了第三天晚上，讲师告诉我们："明天开始，我们会进行角色扮演。届时，大家都是生产灯泡的公司的员工。我们会分成A队、B队、C队，看哪个队表现最好。"

我们要扮演的是这个虚拟公司的一些职务。

给我们准备的职务有CEO，几个VP，还有销售、运营、市场的VP，再往下还有一些董事职位。此外，还有灯泡厂的两位厂长、营销总监、销售总监。我们可以选择自己喜欢的职位，我想担任自己从未做过的市场总监，并得到了批准。

然后我得到了一份装在信封里的厚厚的文件，里面是该虚拟公司邮件内容的打印副本。看完这些，就会发现这家公司存在的问题。

当天晚上，我阅读了一堆邮件，按照自己的方式对问题进行了分析，为第二天的角色扮演做好了准备。

发生了意料之外的事情！

第二天早上，培训负责人说：

"大家把邮件都看完并获得了相关信息了吧。那么，接下来请采取相应的行动。"

作为营销负责人，我制订了自己的作战计划。

"现在厂里的销售额下降了，要想增加销售额，首先必须增产灯泡。"

于是我去找担任厂长的人请求增产。

"现在出口用的灯泡卖得很好，我们必须增产。如果对工厂的生产线做些改变，应该能增产。可以试一下吗？"

这时，扮演厂长的人突然说：

"你说什么呢？昨天我们工厂泄漏了一种有毒物质。现在政府人员都来调查了，工厂已经关了。"

但是在我昨天收到的一堆邮件里，只字未提这件事。但是，扮演厂长的人的邮件里是这么写的。

"这样啊，这意味着我昨天设想的方案行不通了。"

我注意到，不只是我，所有人都有点不知所措。

对于一个领导者来说，关键是看他/她能否在困难时采取下一步行动，而这正是亚马逊要求我们学习掌握的。

但是，这么多问题同时出现，我真的是束手无策。如果是销售和运营的负责人，还有办法解决，但我负责的是市场。当时，我真的想不出任何办法。

这让我很困扰，我想问问其他团队，因为培训没有禁止和其他团队之间交流信息。于是我决定和他们商量一番："关于市场营销，咱们聊一聊吧？"

通过和他们交谈，我发现他们的情况和我的完全一样，大家陷入了不知道该怎么做的恐慌之中。

"但是，在这种情况下，是不是可以采用这种方法呢？"

"那就试试吧。"

于是，我们各自回到了自己的团队。

经过这样的过程，最终，领导们聚在一起，得出一个公司层面的结论。我们将结论提交到了CEO那里，这个过程大概花了4小时。

在此期间，讲师一边做笔记，一边确认谁说了什么，做了什么。

扮演CEO的人会从A团队、B团队、C团队中选出哪个团队的提案对公司来说是最正确的，然后当天的培训就结束了。

反馈

第二天，讲师给出了反馈。

他没有说太多苛刻的话，总体来说，还是表扬居多。因为讲师指出的问题都是确实存在的，所以大家都能接受。

"当时你想往这个方向走，但我觉得那是不对的。"

"我认为那番话在那个场合没有必要讲出来，那会让每个人都感到困惑。"

参加者要把自己的想法全部说出来，我也毫不隐瞒地说出了自己的想法。

培训结束时，我收到了一张SD卡作为纪念，里面有整个交流过程的录音，但我从未听过，因为没有勇气再听。

研修结束回家时，大家都筋疲力尽，回去的车上所有人都睡着了。

Leader of Leaders的第一周就是这样，通过让参加者置身于意料之外的状况，让他们学习作为领导者应该如何去做。

培训第二周——解决问题的演示大会

演示实际问题的解决方案

第一次培训后隔了一个月左右，我们又进行了第二次培训。主题是"领导者的领导"。这次培训当然也有讲座，但更多的是针对自己的实际问题，挑战如何解决。

第一次培训我们以虚拟公司为舞台进行了角色扮演，第二次的主题不是角色扮演，而是了解如何解决自己在亚马逊面临的真实问题，并通过演示获取参加者的赞同。

制作演示资料时，不可以使用PPT，亚马逊为我们提供了大大的模造纸。我们需要将内容手写下来，在大家面前一边翻阅，一边针对自己面临的实际问题，思考解决方法并进行演示。

对此，参与者们会讨论是"赞同"还是"不赞同"。

作为仓库的负责人，当时，我站在今后仓库发展的大起点上，对"今后想这样运营"进行了演示。

将演示与实际解决方案联系起来

这个演示大会并不是"为了演示而演示"。在实际演示的过程中，有时参加者中会有人主动予以支持。

"那么，有了解决方案，我想我可以帮你联系相关负责人。"

这样一来，与其说是培训，不如说是真正的商业活动。

我还把大家认可的计划带回了日本，并提交给了我的上司。当然，为了付诸实践，我们需要进一步Dive Deep，但培训时的报告内容被采纳为真正商业理念的情况也并不少见。

最终将想法与现在的实际业务相结合，才是此次培训的目的。作为领导，重要的是积极思考，并得到大家的赞同，然后将想法与实际业务紧密结合起来。

这次培训也很辛苦，因为要面对大家对自己演示的反馈，还有参与者提出的各种各样的问题。

我在亚马逊参加过各种各样的培训，但其中Leader of Leaders是支持我后续发展的最重要起点。

在此之前，我作为领导者，在制定整体战略方面还很不成熟。经过这次培训，我意识到必须自己制定战略并切实执行。从那之后，我工作起来变得更加积极主动了。

世界一流的教练服务

共计12小时专业指导

实际上，这个Leader of Leaders培训还有一个环节，那就是进行专门的职业教练指导。这个指导分为12次，每次1小时。

因为我平时都在日本，所以只有第一次指导时是直接面对面进行的，剩下的都是通过国际电话，或者出差时顺便进行的。

第一次指导是在第一周培训结束后最疲惫的第二天早上，在我乘飞机回国前进行的。教练是位女性，我们是从闲聊开始的。

"这一周你学到了什么？"

改变我人生的指导

或许，这就是专业技巧吧。我变得非常健谈，话都停不下来。就连平时隐藏在内心深处的事情也滔滔不绝地说了出来。

"你平时在公司都做些什么？"

"教下属各种东西，下属有问题的时候我们会一起想办法，一起在现场拼命工作。"

"是吗？那你的爱好是什么？"

我当时对家庭菜园很着迷，租了一大块田地，种了黄瓜和西红柿。与其说是家庭菜园，不如说是真正的农活。

然后教练说："想听听我的意见吗？"

（经过几次指导，我发现教练绝对不会随意发表自己的意见。）

"当然，请说。"

"那是个隐喻。"

隐喻在心理学中似乎是指 "以模拟的方式体验到的东西"，但当时我没有真正理解它的意思。然后她继续说：

"它和你在公司里做的事情没什么区别。"

"你在公司做的是人才培养吧。这就相当于你要给不同的人 '施肥浇水'，有虫子的时候帮他们除掉，帮助他们成长为优秀的人，你做的不就是这样的工作吗？"

我这才意识到："原来如此，我做的工作和干农活没什么区别，我的工作和我的兴趣爱好是一样的，我真的很喜欢。"

通过这次对话，我感觉自己内心的真正想法被挖掘出来了。其实答案就在我心里，而教练只是帮助我把它提炼了出来。

事实上，我现在之所以会担任一家正在成长的中小企业的顾问，也是因为那时的感悟。

对于没有各种规则和机制，或者不知道该怎么做的公司，教给它们有效的方法，和它们一起建立机制，让公司成长起来，这就是我体验到的无法言喻的快乐。

可以说，这次指导改变了我的人生。

♥ 插曲：组织家庭日也是培训之一

也许算不上培训。这是发生在亚马逊（日本）刚成立时候的事，不知道现在是否还在做。

我们运营部每年都会组织一次名为"家庭日"的活动，邀请员工的家人到办公室参观。

我们会在周日邀请家人来仓库或办公室，让他们看看，"我们是在这样的地方工作"。

实际上，能够担任这个"家庭日"的组织委员很重要，因为可以通过筹备"家庭日"来锻炼自己的领导能力。如果做得好，对人事评价也会有积极影响，有利于晋升。

也就是说，成为"家庭日"的组织委员也是培养领导者的一个手段。

对于亚马逊的领导者来说重要的思维方式

"跳出固有思维"

在亚马逊，Think outside of the box是领导者必须具备的思维方式。

我们的竞争对手正在努力地工作，以某种方式超越亚马逊，也就是"打败亚马逊"。

如前所述，亚马逊虽然没有"打败××"的想法，但亚马逊人也在不断打磨技术和服务。如果一味地坚持现状，恐怕很快就会跌落谷底。

这就是为什么在亚马逊大家都会说，Think outside of the box。

意思是"跳出盒子思考"。也就是说，不能做井底之蛙。想要不断想出从未想过的新点子，就要去更广阔的世界。

我从亚马逊辞职后明白了一些事。

亚马逊是业界第一，技术很先进，公司里的人也都认为"自己在做顶级的工作"。

但是世界上还有很多人在思考更厉害的事情，有时候我想，如果能向他们学习，亚马逊会更了不起。

实际上，亚马逊是一家比较"内向"的公司。虽然重视客户，但是令人意外的是，亚马逊人往自己的工作中引入更多新知识和技术的想法却并不那么强烈。可能在亚马逊变得体制化后，就很难进行创新了。

OLP中的Ownership和Customer Obsession固然重要，但那是经理或员工必须做的事情。我认为，真正的领导者不应该只考虑眼前的事情，而应该跳出箱子（固有思维）思考问题。

亚马逊热衷创造文化

读完本书，您对亚马逊的人力资源机制有何感想？

我相信每个人都有不同的看法。但毫无疑问，杰夫·贝佐斯仅仅用一代就创建了亚马逊这样世界级的企业，就是因为其根本思想是"一定要创建优秀的公司"。

2021年7月，贝佐斯辞去了亚马逊CEO一职。

在日本，如果白手起家的超级领袖下台，公司的股价会急剧下跌，业绩也会下降，但我对亚马逊今后的发展完全不担心。

亚马逊的HR（人力资源经理）经常说：

"Cultivate Culture（创造文化），这就是HR的使命。"

亚马逊已经养成了创造文化的企业文化。所以即使贝佐斯离开了，它也会代代相传。

公司要想不断创造新事物，并不是只要赚钱就行，里面还需要包含自己的企业文化。曾经盛极一时的日本制造业的"丰田主义""本田主义"就属此列。因为它们含有"这是丰田的做法""这是本田的做法"这样坚定的东西。但是，我觉得现在这种文化已经有些淡薄了。

文化的根源是企业理念、愿景和使命，将其彻底运用到人事制度中，就会形成自己独特的企业文化。如果现在的社规和社训已经过时，不适应时代了，那么只要重新审视，并以此为基础建立人力资源制度就可以了。

虽然亚马逊的创始人贝佐斯已经退居二线，但他创建了即使自己离开也会继续存在的机制，也就是本书所介绍的以OLP为核心的人力资源机制。

希望各位读者也能接受创造文化的挑战。